중국어 작문 포인트

시사중국어사

중국어
작문
포인트

초판발행	2018년 6월 15일
1판 5쇄	2023년 10월 5일

저자	신준호, 정소영
편집	최미진, 연윤영, 엄수연, 高霞
펴낸이	엄태상
디자인	권진희
조판	이서영
콘텐츠 제작	김선웅, 장형진
마케팅본부	이승욱, 왕성석, 노원준, 조성민, 이선민
경영기획	조성근, 최성훈, 김다미, 최수진, 오희연
물류	정종진, 윤덕현, 신승진, 구윤주

펴낸곳	시사중국어사(시사북스)
주소	서울시 종로구 자하문로 300 시사빌딩
주문 및 문의	1588-1582
팩스	0502-989-9592
홈페이지	http://www.sisabooks.com
이메일	book_chinese@sisadream.com
등록일자	1988년 2월 12일
등록번호	제300 - 2014 - 89호

ISBN 979-11-5720-106-8 13720

머리말

《중국어 작문 포인트》는 초,중급 과정을 마친 학습자가 작문 연습을 할 수 있도록 집필되었습니다. 근래에 의사소통에 대한 강조로 인해 회화 교재는 많이 출간되었으나, 작문 교재는 상대적으로 관심을 덜 받고 출간된 교재 수도 많지 않습니다. 그러나 네트워크가 발달한 요즘은 이메일, 블로그에서부터 SNS의 다양한 매체에 이르기까지 의사소통에서 글쓰기가 입말만큼 중요해지고 있습니다. 본 교재는 딱딱한 서면어체 문장이 아닌 회화체의 문장을 위주로 하여, 일상 속의 다양한 주제에 대한 글을 쓸 수 있도록 문법 및 표현 설명과 작문 연습을 제공합니다. 교재의 특징 중 하나는 설명과 예시에서 한국어의 글과 문장, 단어를 먼저 소개하고 그것에 대응하는 중국어 글과 문장, 단어를 나중에 소개한 점입니다. 이것은 초,중급 단계의 성인 학습자가 중작할 때 종종 한국어 형태의 사유를 먼저 한다는 것을 고려한 때문입니다. 이것을 보완하기 위해 그림을 제시하여 작문하는 연습과 참고 단어와 주제만 제시하여 자유 작문을 하는 연습도 포함하였습니다. 그림을 통해 바로 중국어 단어와 표현을 떠올리고 문장과 글을 쓰는 훈련을 한다면, 궁극적으로 중국어 사유를 바탕으로 한 글쓰기를 할 수 있을 것입니다.

교재는 작문 학습 11과 이외에 문법 정리 2과와 부록을 포함하여 총 14과로 구성하였습니다. 문법 정리과에서는 작문에 필요한 문형을 복습의 개념으로 정리, 소개하고 다시 후반부의 부록에서는 학습자가 틀리기 쉬운 항목을 따로 정리하였습니다. 작문 학습과에서는 일상 속에서 겪는 경험을 11가지 주제로 나눠 구성하였습니다. 작문 학습의 매 과는 STEP1부터 5까지 각각 작문 연습, 문법 포인트, 표현 포인트, 모범문, 중작 연습 등 5개 부분으로 나눕니다. 작문 연습에서는 한국어로 된 글을 중국어로 작문해봅니다. 문법 포인트와 표현 포인트에서는 모범문의 핵심 문법 사항과 표현 항목에 대한 설명을 참고할 수 있고 확인연습을 통해 실력을 체크할 수 있습니다. 모범문에서 자신이 쓴 글을 비교하면서 표현의 차이를 생각해보고 오류가 있는 문장을 고쳐봅니다. 자신의 글이 다른 사람의 글이나 모범문과 똑같을 수 없으므로 교수자나 동료 학습자와 함께 자신의 표현에 대해 얘기하는 것도 좋을 것입니다. 마지막으로 중작 연습에서는 단어 배열하기, 틀린 곳 찾기, 짧은 문장 중작하기 등 문법과 표현 항목을 활용한 연습과 함께 그림을 보며 작문하기, 주제에 맞게 자유 작문하기 등이 있습니다. 이렇게 다섯 가지 연습을 통해 자신의 글쓰기를 심화할 수 있을 것입니다.

이 교재를 정리하면서 많은 분께 도움을 받았습니다. 교재의 모든 중국어 문장을 꼼꼼히 확인해주시고 의견을 주신 刘娜, 王贝贝 선생님께 감사드립니다. 문법 항목에 충고와 조언을 주신 박정구 선생님께 감사드립니다. 그리고 이 책을 기획하면서 처음부터 끝까지 신경을 써주시고 멋진 책으로 나올 수 있게 도와주신 시사중국어사의 최미진 차장님과 편집팀원분들께 감사를 드립니다.

2018년 5월

저자 신준호, 정소영

차 례

이 책의 특징

STEP 1 작문 연습

일기 형식의 생활 속 문장을 한글로 제시하였습니다. 함께
제시된 참고단어를 활용하여 본인의 실력으로 페이지 하단의
빈칸에 직접 작문해보세요! 모범문은 문법과 표현 포인트를
모두 학습한 후 확인해보세요!

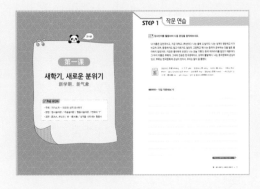

STEP 2 문법 포인트

작문 연습에 등장했던 문장 속 문법에 대한 핵심적인 내용만
콕 짚어 놓았습니다. 모든 문장과 단어는 중국어 작문을 하기
에 편하고 이해하기 쉽도록 한글을 먼저 실어 중국어 작문의
원리를 한눈에 볼 수 있도록 하였습니다.

TIP

예외적이거나 뭔가 애매하고 궁금한 부분에서는
TIP을 확인해보세요. 궁금한 것이 바로 풀립니다!

LEVEL UP

자신의 실력을 한 단계 더 높일 수 있는 기회! 뭔가
부족하다, 좀 더 알고 싶다! 할 때에는 이 부분 설명
을 참고하세요!

STEP 3 표현 포인트

작문 연습에 등장했던 주요 표현에 대한 설명을 실었습니다.
좀 더 자연스러운 중국어 문장을 구사하기 위해 필수적인 것
이니, 꼭 암기하고 넘어가세요!

STEP 4 모범문

STEP1에서 해보았던 작문 연습에 대한 모범문을 제시하였
습니다. 페이지 하단에는 모범문을 다시 한번 더 써볼 수 있
는 빈칸이 있으니 모범문을 따라 써보세요.

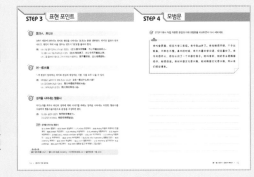

STEP 5 중작 연습

단어 배열하기, 틀린 문장 올바르게 고치기, 중작하기, 그림 보고 상황에 맞춰 중작하기 등 중국어 작문 실력을 다져줄 다양한 문제를 실었습니다. 교재 학습 후 문제까지 착실하게 풀었다면 초중급 수준의 중국어 작문은 이제 끝~

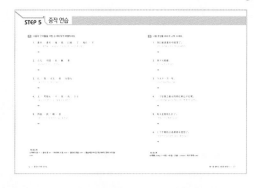

복습 1,2

초중급 수준에서 꼭 짚고 넘어가야 할 중국어 어순 및 중국어 특수구문에 대한 중간 복습과를 마련해놓았습니다.
작문 실력이 부족하다 느낄 때, 내 실력을 확인하고 문법에 대해 한번 더 공부하고 정리하며 중국어 어순에 대한 핵심을 마스터할 수 있습니다.

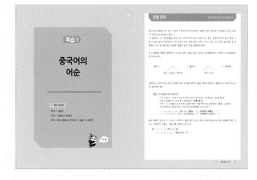

부록

외국인이 중국어 작문을 할 때에 틀리기 쉬운 문법 현상에 대해 설명했습니다. 1~11과까지 배운 내용을 토대로 자주 틀리는 부분만 정리하였으니, 수시로 확인하여 실력을 쌓을 수 있습니다.

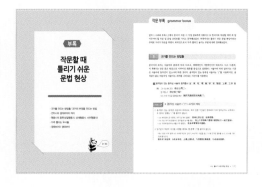

확인 연습 및 중작 연습 정답

문법 포인트 학습 후 열심히 풀었던 문제의 정답을 맞춰보세요. 틀린 문장 고치기의 상세한 설명까지 꼼꼼히 읽어볼 수 있습니다.

第一课

새학기, 새로운 분위기

新学期，新气象

작문 연습

📝 참고단어를 활용하여 다음 문장을 중작해보세요.

내 이름은 김민국이고, 지금 대학교 2학년이다. 나는 올해 22살이다. 나는 성격이 명랑하고 키가 비교적 크며, 뚱뚱하지도 않고 마르지도 않았다. 고등학교 때 나는 중국어 공부하는 것을 별로 좋아하지 않았지만, 지금은 좋아하게 되었다. 나는 오늘 기뻤다. 중국 여자아이를 알게 되었기 때문이다. 그 아이 이름은 李莉다. 그녀의 전공은 한국경제이고, 성격이 활발하다. 나는 중국문화에 관심이 있고, 李莉는 한국문화에 관심이 있어서, 우리는 말이 잘 통했다.

참고
단어

명랑하다 开朗 kāilǎng | 키 个子 gèzi | 뚱뚱하다 胖 pàng | 마르다 瘦 shòu | 기쁘다 开心 kāixīn | 알다, 인식하다 认识 rènshi | 경제 经济 jīngjì | 활발하다 活泼 huópō | ~에 관심이 있다 对…感兴趣 duì…gǎn xìngqù | 말이 잘 통하다 谈得来 tándelái

✏️ 직접 작문해보기!

我 叫 金民国 ,

모범문은 15P에서 확인하세요~ ➡

STEP 2　문법 포인트

1　명사술어문

(1) 중국어는 동사 없이, [주어 + 명사]만으로도 문장이 성립할 때가 있다. 이때는 명사가 서술어의 역할을 한다. 주로 날짜, 요일, 시간, 나이, 가격에 한해서 이러한 문형이 사용된다.

> 예　오늘은 1월 1일이다.　**今天一月一号。**
>
> 　　지금은 두 시다.　**现在两点。**

(2) 명사술어문에서 부정을 나타낼 때는 명사 서술어에 직접 부정부사를 사용할 수 없으므로, 동사를 반드시 써주어야 한다. 즉 '不'만은 쓸 수 없고, '不是'를 써야 한다.

> 예　내일은 화요일이 아니다.　**明天不是星期二。**
>
> 　　내 여동생은 올해 스물두 살이 아니다.　**我妹妹今年不是二十二岁。**

✔ **확인 연습**

① 나는 올해 스무 살이다.

　》 _____

② 오늘은 일요일이다.

　》 _____

2　주술술어문

[주어 + (주어 + 서술어)] 구문이다. 일반적으로 한국어에서는 '그녀는 키가 크다'처럼, 첫 번째 주어는 조사 '~은/는'이, 두 번째 주어는 조사 '~이/가'가 붙는 문장이 이에 해당한다. 이때 '~은/는'이 붙는 주어를 맨 앞에, '~이/가'가 붙는 주어를 그 다음에 놓는다.

> 예　나는 성격이 명랑하다.　**我性格很开朗。**
>
> 　　그는 책임감이 강하다.　**他责任感很强。**

✓ **확인 연습**

① 내 친구는 성격이 좋다.

>>

② 우리 아빠는 키가 크다.

>>

③ 나는 배가 부르다.

>>

3 형용사술어문

중국어는 형용사가 서술어로 쓰이기도 한다. 영어는 'I am happy.'처럼 형용사 앞에 'be동사'가 쓰이나, 중국어는 형용사 앞에 '정도부사'가 오는데 일반적으로 '很'이 형용사 앞에 온다. 여기에서 정도부사란 '아주, 매우'처럼 정도를 나타내는 부사를 말한다.

형식 ・주어 + 정도부사 + 형용사

1 형용사 앞에는 일반적으로 정도부사를 사용해야 한다. 가장 일반적이고 형식적인 정도부사는 '很'이며, 평소에는 별도로 해석을 하지 않는다. '很'을 쓰지 않을 경우에는 다른 정도부사를 사용한다. 예를 들어 '非常', '太…了', '相当', '比较' 등이 있다.

예 오늘 덥다. **今天很热。**

나는 요즘 매우 바쁘다. **我最近非常忙。**

새 ▨ 단 ▨ 어

명랑하다, 쾌활하다 开朗 kāilǎng ｜ 책임감 责任感 zérèngǎn ｜ 강하다 强 qiáng ｜ 배 肚子 dùzi ｜ 배부르다 饱 bǎo ｜ 덥다, 뜨겁다 热 rè

第一课 새학기, 새로운 분위기 ● 11

문법 포인트

　■ 비교의 의미일 때 정도부사

형용사술어문에서 정도부사 '很'은 형식적으로 붙여주어야 하며, '很'을 사용하지 않을 경우에는 다른 정도부사를 붙여야 한다. 그러나 비교일 때는 '很'을 포함한 정도부사를 생략한다.

- 이 교실은 크고 저 교실은 작다.　这个教室大，那个教室小。
- 어제는 추웠는데, 오늘은 덥다. 날씨가 이상하다.　昨天冷，今天热，天气真奇怪。

2 부정을 나타낼 때에는 형용사 앞에 부정부사 '不'를 쓴다.

　예　이 물건은 비싸지 않다.　这东西不贵。

　　　요즘은 그렇게 덥지 않다.　最近不太热。

> TIP　부정부사 '不'의 위치
>
> 부정부사 '不'는 정도부사 앞뒤에 모두 올 수 있지만, 위치에 따라 그 뜻이 달라진다.
>
> - 이 사람은 그렇게 낭만적이지 않다.　这个人不<u>太</u>浪漫。
> - 이 사람은 매우 낭만적이지 않다.　这个人<u>太</u>不浪漫。

　■ 형용사술어문의 과거 표현 방법

① 형용사술어문에서는 과거를 표현한다 하더라도 '了'를 붙이지 않고 과거를 나타내는 시간사로 표현한다. 단, 청자와 화자가 과거에 대해 이야기하고 있는 맥락이라면, 굳이 시간사도 필요 없다.

- 그녀는 (예전에) 예뻤다.　她(以前)很漂亮。
- 나는 지난 학기 성적이 좋았다.　我上个学期成绩很好。

② 형용사술어문은 과거이어도 '不'로 부정한다. '没'로 부정할 때에는 '아직 ~하지 않았다'라는 변화를 나타낼 때이다.

- 나는 예전에도 안 예뻤고, 지금도 안 예쁘다.　我以前不漂亮，现在也不漂亮。
- 너는 이전에도 안 멋졌고, 지금도 안 멋지다.　你以前不帅，现在也不帅。
- 날이 아직 안 밝았다.　天还没亮呢。
- 그저께 사온 토마토는 아직 빨개지지 않았다.　前天买的西红柿还没红呢。

새 * 단 * 어

이상하다 奇怪 qíguài | 상당히 相当 xiāngdāng | 그다지 ~않다 不太 bútài | 낭만적이다, 로맨틱하다 浪漫 làngmàn | 성적 成绩 chéngjì | 잘생기다 帅 shuài | 밝다 亮 liàng | 토마토 西红柿 xīhóngshì | 빨갛다 红 hóng | 감 柿子 shìzi | (음식이) 익다 熟 shú

✓ 확인 연습

① 오늘 즐거웠다.

　≫

② 날이 아직 밝지 않았다.

　≫

③ 한국의 여름은 아주 덥다.

　≫

4 변화를 나타내는 동태조사 了

동태조사 '了'는 명사 서술어, 형용사 서술어, 심리동사(喜欢, 爱, 相信 등)나 '是' 동사 뒤에 쓰여 변화를 나타낸다. 그러나, 동작동사 뒤에 쓰인 '了'는 변화를 나타내는 것이 아니라 과거를 나타내는 것임에 유의하자. 과거의 了 – 3과 참조

> 예　그는 똑똑해졌다.　他聪明了。
>
> 감이 익었다.　柿子熟了。
>
> 봄이 되었는데, 밤은 아직 춥다.　春天了，晚上还是很冷。
>
> 그는 지금 선생님이 되었다.　现在他是老师了。

✓ 확인 연습

① 난 새 휴대전화가 생겼다.

　≫

② 2시가 되었어. 빨리 수업하러 가.

　≫

STEP 3 표현 포인트

 因为A，所以B

'A하기 때문에 B하다'는 의미로 원인을 나타내는 '因为'는 종종 생략된다. 하지만 결과가 먼저 나오고, 원인이 뒤에 나올 경우는 반드시 '因为'를 붙여야 한다.

> 예 나는 오늘 일이 있어서, 나가 놀지 못한다. (因为)我今天有事，所以不能出去玩儿。
>
> 그는 병이 나서, 오늘 학교에 갈 수 없다. (因为)他生病了，所以今天不能去上学。
>
> 나는 그를 좋아하지 않는데, 그가 이기적이기 때문이다. 我不喜欢他，因为他很自私。

 对…感兴趣

'~에 관심이 있다'라는 의미로 관심의 대상에는 사람, 사물 모두 나올 수 있다.

> 예 여학생들은 일반적으로 뭣에 관심이 있나요? 女生一般对什么感兴趣？
>
> 나는 중국경제에 관심이 있어요. 我对中国经济很感兴趣。
>
> 나는 그에게 관심이 좀 있다. 我对他比较感兴趣。

 성격·상태를 나타내는 형용사

자기소개를 하거나 타인의 성격에 대해 이야기할 때에는 성격이나 상태를 나타내는 다양한 형용사를 사용하여 형용사술어문으로 문장을 구성하면 된다.

> 예 그는 평소 굉장히 점잖다. 他平时非常斯文。
>
> 그는 부지런하다. 他很勤奋。

> TIP 성격·상태를 나타내는 형용사
>
> 斯文 sīwén 점잖다 | 老实 lǎoshi 성실하다 | 小气 xiǎoqi 쪼잔하다 | 热情 rèqíng 마음이 따뜻하고 친절하다 | 懒惰 lǎnduò 게으르다 | 内向 nèixiàng 내성적이다 | 外向 wàixiàng 외향적이다 | 乐观 lèguān 낙관적이다 | 没有眼力见儿 méiyǒu yǎnlìjiànr 눈치없다 | 自私 zìsī 이기적이다 | 大方 dàfang 대범하다 | 积极 jījí 적극적이다 | 勤奋 qínfèn 부지런하다 | 有灵活性 yǒu línghuóxìng 융통성 있다 | 善良 shànliáng 착하다 | 踏实 tāshi 착실하다 | 粗心 cūxīn 덜렁거리다 | 认生 rènshēng 낯가리다(= 怕生 pàshēng) | 固执 gùzhi 완고하다 | 死板 sǐbǎn 융통성 없고 꽉 막혔다, 고집스럽다

> 새×단×어
>
> 일이 있다 有事 yǒushi | 병이 나다 生病 shēngbìng | 이기적이다 自私 zìsī | 일반적으로 一般 yìbān

STEP 4 모범문

⊘ STEP 1에서 직접 작문한 문장과 아래 모범문을 비교하면서 다시 써보세요.

我叫金民国，现在大学二年级。我今年22岁了。我性格很开朗，个子比较高，不胖也不瘦。高中的时候，我不太喜欢学汉语，现在喜欢了。我今天很开心，因为认识了一个中国女孩子。她叫李莉，她的专业是韩国经济，她很活泼。我对中国文化感兴趣，她对韩国文化感兴趣，所以我们很谈得来。

1 다음의 단어들을 어법 순서에 맞게 배열하세요.

1. 喜欢 / 喜欢 / 他 / 我 / 以前 / 了 / 现在 / 不
   (나는 예전에는 그를 좋아하지 않았는데, 지금은 좋아졌다.)

   ➡

2. 点儿 / 中国 / 有 / 腻 / 菜
   (중국음식은 조금 느끼하다.)

   ➡

3. 长 / 我 / 头发 / 很 / 女朋友
   (내 여자친구는 머리카락이 길다.)

   ➡

4. 太 / 男朋友 / 不 / 我 / 高 / 个子
   (내 남자친구는 키가 그렇게 크지 않다.)

   ➡

5. 四肢 / 我 / 酸 / 很
   (나는 팔다리가 쑤신다./나는 몸살이다.)

   ➡

새 ✖ 단 ✖ 어

느끼하다 腻 nì ㅣ 음식 菜 cài ㅣ 머리카락 头发 tóufa ㅣ 팔다리 四肢 sìzhī ㅣ (몸살처럼) 쑤시고 욱신거리다, (맛이) 시다
酸 suān

2 다음 문장을 바르게 고쳐 쓰세요.

1. 我以前很喜欢中国菜了。
   (나는 예전에 중국음식을 좋아했다.)

   ➡ _____

2. 我不大眼睛。
   (나는 눈이 크지 않다.)

   ➡ _____

3. 今天不一月一号。
   (오늘은 1월 1일이 아니다.)

   ➡ _____

4. 一个星期之前买的西红柿还不红呢。
   (일주일 전에 사온 토마토는 아직 빨개지지 않았다.)

   ➡ _____

5. 昨天是我的生日了。
   (어제는 나의 생일이었다.)

   ➡ _____

6. 上个学期的汉语课很有意思了。
   (지난 학기의 중국어 수업은 재미있었다.)

   ➡ _____

새 ▪ 단 ▪ 어

눈 眼睛 yǎnjing ㅣ ~이전, ~의 앞 …之前 …zhīqián ㅣ 학기 学期 xuéqī

3 앞에서 배운 내용을 활용하여 다음 문장을 중작하세요.

1. 내일은 화요일이다.

   ➡ _____

2. 지금은 두 시가 아니다.

   ➡ _____

3. 내 여자친구는 성격이 그렇게 좋지 않다.

   ➡ _____

4. 내 남자친구는 피부가 하얗다.

   ➡ _____

5. 지금 너무 졸리다.

   ➡ _____

6. 나는 예전에 뚱뚱했다.

   ➡ _____

7. 나는 살이 쪘다.

   ➡ _____

8. 나는 예전에 그의 말을 믿지 않았지만, 지금은 믿는다.

   ➡ _____

참고
단어   피부 皮肤 pífū | 졸리다 困 kùn | 믿다 相信 xiāngxìn

4 다음 그림을 보고, 상황을 중작하여 표현한 후 이야기해 보세요.

1.

2.

3.

4.

加油!

第二课

카페에서
在咖啡厅里

✏️ **학습 포인트**

- 주제 : 정적인 상황과 존재 표현하기
- 문법 : 존재동사 '在', '有' / 형용사의 중첩
  비교문① – 비동작동사의 경우
- 표현 : 虽然A, 但(是)B / 还是 / 随便

STEP 1 작문 연습

📝 참고단어를 활용하여 다음 문장을 중작해보세요.

우리 학교 근처에는 커피숍이 몇 집 있다. 우리가 자주 가는 커피숍은 바로 지하철역 부근에 있다. 비록 학교 옆에 스타벅스가 있지만, 많은 학생들이 그래도 이 집에 가서 커피를 마신다. 이 집은 규모는 아담하지만, 예쁘다. 커피숍에는 책이 많아서, 우리는 마음대로 볼 수 있다. 커피 가격도 합리적이어서 스타벅스보다 많이 싸다. 커피 원두도 스타벅스보다 신선하다. 李莉 는 중국에 커피숍이 한국만큼 많지 않다고 했다. 중국인과 비교하면, 한국인이 그래도 커피 마시는 것을 더 좋아한다.

참고
단어

근처 **附近** fùjìn ㅣ 커피숍 **咖啡厅** kāfēitīng ㅣ 지하철역 **地铁站** dìtiězhàn ㅣ 옆 **旁边** pángbiān ㅣ
스타벅스 **星巴克** Xīngbākè ㅣ 규모 **规模** guīmó ㅣ 마음대로 **随便** suíbiàn ㅣ 가격 **价钱** jiàqián ㅣ
합리적이다 **合理** hélǐ ㅣ (값이) 싸다 **便宜** piányi ㅣ 커피 원두 **咖啡豆** kāfēidòu ㅣ 신선하다, 싱싱
하다 **新鲜** xīnxiān

✏️ 직접 작문해보기!

我们学校附近有几家咖啡厅。

모범문은 **31P**에서 확인하세요~ ➡

1　'~에 있다' 동사 在

(1) A + 在 + B: A는 B에 있다

> 예　나는 집에 있다.　**我在家。**
>
> 　　나 지하철 안이야.　**我在地铁里。**

(2) 주어(A) 자리에는 사람과 사물, 장소가 모두 올 수 있다.

> 예　네 휴대전화는 탁자 위에 있어.　**你的手机在桌子上。** >TIP〉
>
> 　　도서관은 서점 왼쪽에 있다.　**图书馆在书店的左边。**

(3) '在' 뒤(B)에는 장소가 온다.

> 예　중국어책은 책꽂이에 있다.　**汉语书在书架上。**
>
> 　　그는 지금 회사에 있다.　**他现在在公司。**

(4) 과거는 시간사를 이용해서 만들며, 과거의 상황이라 하더라도 '了'를 붙일 수 없다.

> 예　어제 나는 집에 있었다.　**昨天我在家。**
>
> 　　작년에 나는 중국에 있었다.　**去年我在中国。**

> 〉TIP〉 명사 뒤에 '里'나 '上'을 쓰는 경우
> 　　　우리말은 탁자, 냉장고, 의자, 지하철 등의 일반명사가 제약 없이 장소명사로 쓰이기 때문에, 굳이 그 뒤에 '위' 혹은 '아래'라는 방위를 나타내지 않아도 된다.
>
> 　　　• 탁자 위에 놓았어 (○)　　• 탁자에 놓았어 (○)
> 　　　• 의자 위에 앉아 (○)　　　• 의자에 앉아 (○)
> 　　　• 냉장고 안에 넣었어 (○)　• 냉장고에 넣었어 (○)
> 　　　• 지하철 안에 있어 (○)　　• 지하철에 있어 (○)
>
> 　　　우리말은 일반명사가 모두 장소를 나타내므로, 이때 '안'이나 '위'를 덧붙이는 것이 더 어색하지만, 중국어는 일반명사가 장소로 쓰일 경우 '上'이나 里를 반드시 붙여야 한다. 만약 사람이 장소로 쓰인다면, 사람 뒤에 '这儿'이나 '那儿'을 써야 한다.

새 ◾ 단 ◾ 어

지하철 地铁 dìtiě ┃ 탁자, 테이블 桌子 zhuōzi ┃ 책꽂이 书架 shūjià

- 의자에 앉았다. **我坐在椅子上。**（○）/ 我坐在椅子。（✕）
- 나는 인터넷에서 휴대전화를 샀다. **我在网上买手机了。**（○）/ 我在网买手机了。（✕）
- 나는 맥주를 냉장고에 넣었다. **我把啤酒放在冰箱里了。**（○）/ 我把啤酒放在冰箱。（✕）
- 나한테 와. **你来我这儿。**（○）/ 你来我。（✕）
- 선생님한테 가. **你去老师那儿。**（○）/ 你去老师。（✕）

✓ 확인 연습

① 휴대전화는 가방 안에 있다.

    ≫ _____

② 너 어디야?

    ≫ _____

③ 나는 작년에 중국에 있었다.

    ≫ _____

새 × 단 × 어
인터넷 网 wǎng (= 因特网 yīntèwǎng) ㅣ 냉장고 冰箱 bīngxiāng

2 '~가 있다' 동사 有

(1) A + 有 + B: A는 B가 있다, A에는 B가 있다

> 예　나는 남자친구가 있다. **我有男朋友。**
> 가방 안에는 휴대전화와 지갑이 있다. **包里有手机和钱包。**
> 학생식당 옆에는 도서관이 있다. **学生食堂的旁边有图书馆。**
> 너 태블릿 PC 있니? **你有平板电脑吗?**

(2) 과거는 시간사를 이용해서 표현하고, 부정 형식은 '有' 앞에 '没'를 붙여 '没有'로 쓴다.

> 예　3년 전에는 남자친구가 있었는데, 지금은 없다. **三年前，有男朋友，现在没有。**
> 나는 예전에는 노트북이 있었는데, 지금은 없다. **我以前有笔记本电脑，现在没有。**
> 이곳에는 사람이 없다. **这儿没有人。**

(3) 변화를 나타내는 동태조사 '了'를 붙이면, '생겼다'라는 의미가 된다. 이때 '了'는 과거의 의미가 아니라 변화의 의미이다.

> 예　나는 새로운 여자친구가 생겼다. **我有了新的女朋友。**
> 나는 아이폰이 생겼다. **我有了苹果手机。**

(4) 불특정한 주어일 경우, 주어는 '有' 앞이 아니라 '有' 뒤에 온다.

> 예　누구 계세요? **有<u>人</u>吗?**
> 그곳에는 많은 사람들이 있다. **那儿有<u>很多人</u>。**

새 ✽ 단 ✽ 어
구내식당 食堂 shítáng (일반음식점은 餐厅 cāntīng, 饭馆 fànguǎn 이라고 함) ｜ 테블릿PC 平板电脑 píngbǎn diànnǎo ｜
노트북 컴퓨터 笔记本电脑 bǐjìběn diànnǎo ｜ 신분증 身份证 shēnfènzhèng ｜ 아이폰 苹果手机 píngguǒ shǒujī

불특정한 주어의 쓰임

① 일반적으로 주어가 불특정한 임의의 것이라면, 주어라 하더라도 동사 뒤에 온다. 여기서 불특정이라는 것은 일반적으로 수량사로 표현되는 것을 말한다.

　• 한 사람이 왔다. **来了**一个人。

② 수량사가 있는 주어(불특정한 주어)가 동사 앞에 오려면, 주어 앞에 '**有**'를 붙인다.

　• 한 사람이 왔다. **有**一个人**来了**。

✔ 확인 연습

① 나는 작년에는 남자친구가 없었다.

　≫ _____

② 신분증 있으세요?

　≫ _____

③ 지하철 안에 사람이 많다.

　≫ _____

3 형용사의 중첩

중국어의 형용사는 중첩하여 쓸 수 있다. 좀 더 명확하고 생동감 있는 묘사를 하고 싶을 때 주로 중첩 형식을 사용한다.

1 1음절 형용사(A)는 AA로, 2음절 형용사(AB)는 AABB로 중첩한다.

- 小 ➡ 小小
- 圆 ➡ 圆圆
- 长 ➡ 长长
- 干净 ➡ 干干净净
- 简单 ➡ 简简单单
- 漂亮 ➡ 漂漂亮亮

2 중첩했을 때에는 '很'을 포함한 정도부사를 사용할 수 없고, 서술어로 쓰일 때는 뒤에 '的'를 붙인다.

> 예 이것은 간단한 사랑 이야기이다. **这是一个简简单单的爱情故事。**
>
> 그녀는 피부가 하얗고, 머리는 윤기가 흐른다. **她皮肤白白的，头发亮亮的。**
>
> 우리 질질 끌지 말자. **我们不要拖拖拉拉的。**

3 부정은 중첩을 없애고, '不'를 붙인다.

> 예 **不干净**（○） / **不干干净净**（✕）

새▪단▪어

둥글다 圆 yuán ǀ 깨끗하다 干净 gānjìng ǀ 간단하다 简单 jiǎndān ǀ 애정 爱情 àiqíng ǀ 이야기 故事 gùshi ǀ 피부 皮肤 pífū ǀ (일이나 시간을) 끌다 拖拉 tuōlā ǀ 센티미터 厘米 límǐ ǀ 맵다 辣 là

4 비교문① – 비동작동사의 경우

비교를 표현할 때는 [A + 比(bǐ) + B…] 구문을 이용하는데, 이때 의미는 'A는 B보다 ~하다'이다. 비교문의 경우에는 서술어가 동작동사인가 非동작동사인가에 따라서 문형이 달라진다. 여기에서는 서술어가 비동작동사인 경우, 즉 형용사, 심리동사, 조동사일 경우의 비교 표현을 배워보자. 이때 사용하는 문형은 'A + 比 + B + 서술어'이다. (참고: 동작동사의 비교는 정태보어 '得'를 사용한다. 동작동사의 비교문 – 7과 참조)

(1) 서술어가 형용사일 때

1 A + 比 + B + 형용사: A는 B보다 더 (형용사)하다
이때 형용사 앞에는 '很', '非常', '太', '比较' 등과 같은 정도부사는 올 수 없고, 오직 '还', '更'만이 올 수 있다.

> 예 나는 그보다 나이가 적다(어리다).   我比他小。
> 我比他更小。(○) / 我比他很小。(✗)
> 이 교실은 저 교실보다 새것이다.   这个教室比那个教室新。
> 这个教室比那个教室更新。(○) / 这个教室比那个教室非常新。(✗)

2 형용사 뒤에는 '一点儿'을 써서 대략적인 차이를 나타내기도 하고, 구체적인 수량을 쓰기도 한다.

> 예 나는 그보다 조금 크다.   我比他高一点儿。
> 나는 그보다 2센티 크다.   我比他高两厘米。

3 차이가 많이 나는 경우는 형용사 뒤에 '…多了'나 '…得多'를 사용한다.

> 예 이번 시험이 저번보다 많이 어렵다.   这次考试比上次难多了。
> 이게 저것보다 훨씬 맵다.   这个比那个辣得多。

4 A + 没(有) + B + (那么)…: A는 B만큼 (그렇게) ~하지 않다
부정은 '比' 위치에 '没(有)'를 사용해서 표현하며, 형용사 앞에 '那么'를 넣기도 한다.

> 예 나는 그만큼 크지 않다(그가 더 크다).   我没有他那么高。
> 오늘은 어제보다 춥지 않다(어제가 더 춥다).   今天没有昨天冷。

⑵ 서술어가 심리동사, 조동사일 때

1 A + 比 + B + 심리동사/조동사 :

'좋아하다', '희망하다', '사랑하다' 등 심리상태를 표현하는 심리동사와 조동사는 형용사와 같은 형식을 사용한다.

> 예　나는 그보다 더 영화를 좋아한다.　我比他更<u>喜欢</u>电影。
>
> 나는 그보다 더 담배를 싫어한다.　我比他更<u>讨厌</u>香烟。
>
> 나는 그보다 더 중국에 가고 싶다.　我比他更<u>想</u>去中国。

2 서술어가 형용사일 때와 마찬가지로 서술어 앞에는 '还'와 '更'만 올 수 있고, '很', '非常', '太', '比较'는 올 수 없다.

> 예　나는 너의 엄마보다 더 네가 돌아오기를 바란다.　我比你妈妈<u>还</u>希望你回来。
>
> 내가 네 여자친구보다도 너를 훨씬 잘 알지.　我比你女朋友<u>更</u>了解你。〉*TIP*〉

〉*TIP*〉　'了解 liǎojiě', '理解 lǐjiě', '知道 zhīdào', '认识 rènshi'의 차이

知道	어떤 사실과 현상을 알거나 어떤 사람에 대해서 이름과 얼굴만 아는 것. 예　내일 시험이라던데, 너 알아?　听说明天有考试，你知道吗? 너 저 남자 누군지 알아?　你知道那男的是谁吗?
认识	그 사람과 통성명을 하고 서로 아는 것. 예　나는 우리학교 총장이 누구인지는 알지만, 아는 사이는 아냐. 我知道我们学校的校长是谁，但不认识。 A: 너 우리나라 대통령과 아는 사이야?　你认识我们国家的总统吗? B: 당연히 모르는 사이지.　当然不认识。
了解	어떤 사람이나 현상에 대해 심도 있게 잘 알고 있는 것. 예　그는 중국에 대해서 잘 안다. 他对中国很了解。/ 他很了解中国。
理解	어떤 사람의 심리상태에 대해서 공감하고 있거나, 어떤 사물에 대해 심도 있게 잘 이해하고 있는 것. 예　난 너의 심정(기분)을 이해해.　我理解你的心情。 난 너의 아픔(고통)을 이해해.　我理解你的痛苦。

새×단×어

(정말) 싫어하다 讨厌 tǎoyàn | 담배 香烟 xiāngyān | 바라다, 희망하다 希望 xīwàng | 잘 알다 了解 liǎojiě | 교장, 총장 校长 xiàozhǎng | 대통령 总统 zǒngtǒng | 心情 xīnqíng 기분, 심정 | 痛苦 tòngkǔ 아픔, 괴로움

3 부정 형식도 서술어가 형용사일 때와 똑같이 [A＋没(有)＋B＋(那么)…] 문형을 사용한다.

> 예   나는 그만큼 그렇게 축구를 좋아하지 않는다.   我没有他<u>那么</u>喜欢足球。
>
> 나는 그녀만큼 그렇게 중국에 가고 싶지는 않다.   我没有她<u>那么</u>想去中国。

LEVEL UP   ■ 주어는 하나, 비교대상이 두 개일 때

위의 비교구문은 모두 주어가 두 개일 때의 비교이다. 주어는 하나인데 비교하는 대상이 두 가지일 때는 [A＋和＋B＋比起(来)] 혹은 [比起＋B]의 구문을 사용한다. 'A와 B를 비교하면'의 의미이다.

· 영화와 드라마를 비교하면, 나는 드라마를 더 좋아한다.   电影和电视剧比起来，我更喜欢电视剧。
· 나는 축구보다 야구를 더 좋아한다.(축구와 비교할 때, 나는 야구를 더 좋아한다.)
  比起足球，我更喜欢棒球。

✔ 확인 연습

① 너는 나보다 똑똑하지만, 나는 너보다 부지런하다.

　》

② 너에 대한 나의 사랑은(내가 너를 사랑하는 것은) 하늘보다 높고, 바다보다 깊다.

　》

③ 지금의 나는 예전보다 철이 많이 들었다.

　》

새 ▪ 단 ▪ 어

드라마 电视剧 diànshìjù ｜ 축구 足球 zúqiú ｜ 야구 棒球 bàngqiú ｜ 부지런히 일하다 勤劳 qínláo ｜ 깊다 深 shēn ｜ 철이 들다 懂事 dǒngshì

虽然A，但(是)B

'비록 A일지라도, B하다'의 뜻으로 역접을 나타내는 접속사 구문이다.

> 예 비록 지금은 아직 목표가 없지만 나는 그래도 열심히 중국어 공부를 할 것이다.
>
> **虽然**现在还没有目标，**但**我还是要好好儿学习汉语。
>
> 비록 우리 관계가 아주 좋지만, 이 일은 반드시 나 혼자 해결해야 한다.
>
> **虽然**我们关系很好，**但**这件事我一定要一个人办。

 还是

부사로 '그래도 (~한 편이다)'의 뜻이다.

> 예 사는 것은 서울이 좋지만, 먹는 것은 그래도 부산이 좋다. 住，首儿好。吃，**还是**釜山好。
>
> 그래도 아이폰을 사는 것이 좋다. **还是**买苹果手机好。
>
> 나는 그래도 흐린 날이 좋다. 我**还是**喜欢阴天。

 随便

부사로 '마음대로, 함부로'의 뜻이다.

> 예 편하신 대로 앉으세요. **随便**坐。
>
> 너 너무 마음대로 말하지 마(함부로 말하지 마). 你别**随便**说话。
>
> 너 편한 대로 해. 你**随便**吧。 / **随便**。

새 ▪ 단 ▪ 어

목표, 꿈 目标 mùbiāo ｜ (서술어 앞에 쓰여) 잘 好好儿 hǎohāor ｜ (사람과 사람 또는 사물 사이의) 관계 关系 guānxì ｜ 혼자
一个人 yí ge rén ｜ 처리하다 办 bàn ｜ 부산 釜山 Fǔshān ｜ 흐린 날 阴天 yīntiān

☑ STEP 1에서 직접 작문한 문장과 아래 모범문을 비교하면서 다시 써보세요.

我们学校附近有几家咖啡厅。我们常去的咖啡厅就在地铁站附近。虽然学校旁边有星巴克，但很多学生还是去这家喝咖啡。这家规模小小的，但很漂亮。咖啡厅里有很多书，我们可以随便看。咖啡的价钱也合理，比星巴克便宜得多。咖啡豆也比星巴克的新鲜。李莉说，在中国咖啡厅没有韩国那么多。比起中国人，韩国人还是更喜欢喝咖啡。

1 다음의 단어들을 어법 순서에 맞게 배열하세요.

1. 右边 / 系 / 的 / 图书馆 / 在 / 办公室
   (과사무실은 도서관 오른쪽에 있다.)

   ➡ _____

2. 很 / 人 / 里 / 有 / 地铁 / 多
   (지하철에는 사람이 많다.)

   ➡ _____

3. 个 / 干干净净 / 这 / 的 / 房间
   (이 방은 깨끗하다.)

   ➡ _____

4. 比 / 得 / 上海 / 多 / 北京 / 大
   (베이징은 상하이보다도 훨씬 크다.)

   ➡ _____

5. 那么 / 韩国菜 / 油腻 / 中国菜 / 没有
   (한국음식은 중국음식만큼 그렇게 느끼하지 않다.)

   ➡ _____

새 ▪ 단 ▪ 어

오른쪽 右边 yòubiān | **과사무실** 系办公室 xì bàngōngshì | **깨끗하다** 干净 gānjìng | **느끼하다, 기름지다** 油腻 yóunì

2 다음 문장을 바르게 고쳐 쓰세요.

1. 啤酒在冰箱。
   (맥주는 냉장고에 있다.)

   ➡ _____

2. 人有吗?
   (누구 계세요?)

   ➡ _____

3. 这孩子眼睛圆圆，皮肤黑黑。
   (이 아이는 눈이 동그랗고, 피부가 까무잡잡하다.)

   ➡ _____

4. 这是很小小的礼物。
   (이건 작은 선물이에요.)

   ➡ _____

5. 我比你不累。
   (나는 너보다(너만큼) 피곤하지 않다.)

   ➡ _____

새 ▪ 단 ▪ 어
까맣다 黑 hēi | 선물 礼物 lǐwù | 지치다, 피곤하다 累 lèi

3 앞에서 배운 내용을 활용하여 다음 문장을 중작하세요.

1. 나는 가는 중이다(길 위에 있다).

   ➡ _____

2. 내 가방에는 책, 지갑, 화장품, 휴대전화가 있다.

   ➡ _____

3. 그는 키가 크고, 눈이 크다.

   ➡ _____

4. 이 물건은 저것보다 훨씬 비싸다.

   ➡ _____

5. 나는 그보다 5킬로그램(10근)이 더 나간다.

   ➡ _____

6. 오늘은 어제보다 조금 춥다.

   ➡ _____

7. 나가서 노는 것보다 나는 집에서 쉬는 것을 더 좋아한다.

   ➡ _____

8. 나는 그 사람만큼 그렇게 양꼬치를 좋아하지 않는다.

   ➡ _____

참고
단어

가방 包 bāo ǀ 지갑 钱包 qiánbāo ǀ 화장품 化妆品 huàzhuāngpǐn ǀ 물건 东西 dōngxi ǀ 근(500그램)
斤 jīn [중국인은 몸무게를 잴 때 주로 '근'으로 표현함] ǀ 킬로그램 公斤 gōngjīn ǀ 휴식하다 休息 xiūxi ǀ
양꼬치 羊肉串 yángròuchuàn

4 다음 그림을 보고, 상황을 중작하여 표현한 후 이야기해 보세요.

1.
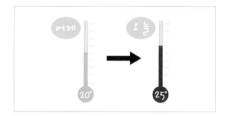

_____

_____

2.

_____

_____

3.

_____

_____

4.

_____

_____

加油!

第三课

학교생활
学校生活

✏️ 학습 포인트

- 주제 : 수업 및 일과
- 문법 : 과거를 나타내는 시간사와 '了' / '了'의 위치
- 표현 : 除了…以外 / 离…很远(近) / 挺…的

STEP 1 작문 연습

📝 참고단어를 활용하여 다음 문장을 중작해보세요.

이번 학기에 나는 일곱 과목을 신청했다. 나는 중국어를 이미 1년째 배우고 있지만, 여전히 어렵게 느껴진다. 그래서 이번에 또 중국어 과목을 신청했다. 이번 학기 나는 수업이 많은 편이다. 토요일을 제외하고는, 매일 수업이 있다. 우리 집은 학교에서 먼 편이어서 매일 7시에 나와야 한다. 오늘 오후에 나는 시간이 있어서, 도서관 컴퓨터에서 자료를 찾았다. 저녁에는 친구와 영화관에 가서 영화를 한 편 보았다. 영화관에서 나와서, 우리는 같이 치킨과 맥주를 먹었다. 요즘 내 생활이 좀 단조로웠는데, 오늘은 정말 즐거웠다.

참고
단어

수강신청하다 选课 xuǎnkè ㅣ 과목을 나타내는 양사 门 mén ㅣ 수업 课 kè ㅣ ～를 제외하고 除了…以外 chúle…yǐwài ㅣ (시간이) 걸리다 要 yào ㅣ 컴퓨터 电脑 diànnǎo ㅣ 자료를 찾다 查资料 chá zīliào ㅣ 영화관 电影院 diànyǐngyuàn ㅣ 치킨, 닭튀김 炸鸡 zhájī ㅣ 단조롭다 单调 dāndiào

✏️▷ 직접 작문해보기!

这个学期我选了七门课。

모범문은 45P에서 확인하세요~ ➡

STEP 2 | 문법 포인트

> **1** 과거를 나타내는 장치: 시간사와 동태조사 了

중국어의 과거는 서술어가 동작동사냐 非동작동사(형용사, 심리·상태동사, 조동사)냐에 따라 다르게 표현된다. 동작동사와 비동작동사는 과거를 나타내는 장치가 각각 다르다. 동작동사의 경우는 '了'를 사용하고, 비동작동사의 경우는 시간사를 사용하여 과거를 나타낸다. (참고: 동작동사는 '了'로 과거를 나타내지만, 주로 단문에서만 그러하다. 두 문장 이상이 나열된 복문에서의 용법은 4과에서 설명한다.)

1 형용사 서술어 문장의 과거 표현 방법:

형용사 서술어 문장의 과거는 시간사로 나타낸다. '어제', '작년', '어릴 적', '이전' 등이 시간사에 포함된다. 형용사 서술어는 과거라 하더라도 '了'를 사용할 수 없다고 앞서 1과에서 배웠다. 과거를 나타내는 문맥에서 이야기한다면, 시간사 역시 생략될 수 있다.

> 예   어렸을 때, 그녀는 예뻤다.   小时候, 她很漂亮。
> 작년에 그는 뚱뚱했다.   去年他很胖。
> 오늘 즐거웠어.   今天很开心。

2 심리·상태동사의 과거 표현 방법:

심리를 나타내는 동사와 상태를 나타내는 동사는 비동작동사로서, '좋아하다', '믿다', '닮다', '있다' 등이 해당된다. 심리·상태동사도 시간사로 과거를 나타내며, '了'를 사용할 수 없다. 과거를 나타내는 문맥에서 이야기한다면, 시간사 역시 생략될 수 있다. 만약 심리·상태동사가 쓰인 문장에 '了'가 쓰였다면 그것은 과거가 아닌 변화를 나타냄에 유의하자.

> 예   나는 예전에 그를 좋아했다.   我以前很喜欢他。
> 어제가 내 생일이었다.   昨天是我的生日。
> 나는 엄마를 닮았다.   我很像妈妈。

3 조동사가 있는 문장의 과거 표현 방법:

문장에 조동사가 있다면, 서술어가 동작동사이든 비동작동사이든 모두 시간사로 과거를 나타낸다. '了'를 사용할 수 없다.

> 예   작년에 나는 스페인으로 여행 가고 싶었다.   去年我想去西班牙旅行。
> 고3 때 나는 살을 빼고 싶었다.   高三的时候, 我想减肥。
> 나는 원래 유학 갈 계획이었다.   我本来打算去留学。

4 동작동사의 과거 표현 방법:

동작동사는 시간사가 있다 하더라도 반드시 '了'를 사용해야 한다.

> 예   그는 학교에 갔다.   他去学校了。
>
> 나는 수업이 끝났다.   我下课了。
>
> 나는 어제 책을 샀다.   我昨天买书了。

LEVEL UP   ■ **동작동사가 있을 때 了의 사용상 예외**

동작동사라 하더라도, 과거의 일정 기간 동안 자주, 반복적으로, 규칙적으로, 습관적으로 발생한 일에는 '了'를 사용하지 않는다.

• 작년에 나는 자주 지각했다.   去年我经常迟到。(○) / 去年我经常迟到了。(×)

• 지난 학기 나는 매주 월요일에 중국어 수업을 들었다.

　上个学期我每个星期一上汉语课。(○) / 上个学期我每个星期一上了汉语课。(×)

위의 첫 번째 예문에서 '去年'은 과거의 일정 기간을 나타내고, '经常'은 자주, 반복적으로 나타낸 일을 가리키므로 '了'를 사용해서는 안 된다. 두 번째 예문에서 '上个学期'는 과거의 일정 기간이고, '每个星期一'는 규칙적으로 발생한 일을 가리키므로, 여기에서도 '了'를 사용할 수 없다.

즉, 과거의 일정 기간이 제시되고, '常常', '经常', '老是', '每天', '每个星期' 등을 사용해서 반복적, 규칙적으로 발생한 일을 표현하려면, 과거라 하더라도 '了'를 사용해서는 안 된다.

---

5 '了'의 부정 형식:

'了'의 부정은 '没'를 넣고 '了'를 없앤다. '没'는 부정부사이므로, 조동사나 전치사 앞에 위치한다.

> 예   나는 어제 술을 마시지 않았다.   我昨天没喝酒。
>
> 나는 그를 만나지 않았다.   我没跟他见面。
>
> 나는 어제 학교를 가지 못했다.   我昨天没能去学校。 ⟩*TIP*⟩

⟩*TIP*⟩ 모든 조동사는 과거라 하더라도 '不'로 부정하지만, '能'만은 과거일 때 '没'로 부정한다.

새 ✕ 단 ✕ 어

스페인 西班牙 Xībānyá | 고3 高三 gāosān (* 대학교 2학년 大二) | 원래, 본래 本来 běnlái (* 알고 보니 原来 yuánlái)

문법 포인트

> *LEVEL UP* ■ 시량사의 부정 형식
>
> 일반적인 부정일 때 '没'와 '了'를 함께 쓸 수 없지만, '하루', '3년', '일주일', '오랫동안' 등 '시량사(时量词: 시간의 양을 나타내는 단어)'와 같이 쓰일 때는 함께 쓰는 것이 가능하다. 즉, [시량사 + 没 + 동사 + 了]는 '이 (시량) 동안 (동사)하지 않았다'는 뜻이다.
>
> • 3년 동안 고향집에 가지 못했다.　三年没回家了。
> • 1주일 동안 술을 마시지 않았다.　一个星期没喝酒了。
> • 오랫동안 중국어를 말하지 않았다.　好久没说汉语了。
> • 오랫동안 너를 보지 못했어(= 오랜만이야).　好久没见了。

6 '了'의 의문 형식:

　'了'의 의문은 뒤에 '吗'를 붙이거나 '没(有)'를 붙인다.

　　예　밥 먹었어?　你吃饭了吗？ / 你吃饭了没？

　　　　너희들 약속했어?　你们约好了吗？ / 你们约好了没？

　　✓ 확인 연습

① 나는 그때 중국에 가고 싶었다.

　≫ _____

② 그는 그때 중국에 갔다.

　≫ _____

③ 나는 중국에 있을 때, 자주 감기에 걸렸다.

　≫ _____

새 ▪ 단 ▪ 어
～할 때 …的时候 …de shíhou | 감기(에 걸리다) 感冒 gǎnmào | 约好 yuēhǎo 약속을 하다

2 동태조사 了의 위치

(1) '了'의 기본위치는 문장 맨 끝이다. 일반적으로 '了'가 동사 뒤, 일반목적어 앞에 나오면 문장이 아직 안 끝난 느낌이다. '我买了书'라고 하면, '내가 책을 샀는데, ~'라는 느낌으로 뒤에 후속 문장이 나와야 한다.

> 예　나는 책을 샀다.　我买书了。
> 　　나는 밥을 먹었다.　我吃饭了。

(2) 목적어로 수량(数量) 또는 시량(时量)목적어가 왔을 때, '了'는 문장 맨 끝이 아닌 동사 바로 뒤에 위치한다. 이 때 수량/시량목적어와 일반목적어가 모두 나올 경우, 순서는 [수량/시량목적어 + 일반목적어]의 순서이다.

> 예　나는 두 권을 샀다.　我买了两本。
> 　　나는 책을 두 권 샀다.　我买了两本书。
>
> 　　나는 두 시간 들었다.　我听了两个小时。
> 　　나는 음악을 두 시간 들었다.　我听了两个小时音乐。
>
> 　　나는 3년을 배웠다.　我学了三年。
> 　　나는 3년간 중국어를 배웠다.　我学了三年汉语。

(3) 목적어가 '的'가 들어간 수식구조일 때, '了'는 문장 맨 끝이 아닌 동사 바로 뒤에 위치한다.

> 예　나는 과일을 먹었다.　我吃水果了。
> 　　→ 나는 어제 산 과일을 먹었다.　我吃了昨天买的水果。
>
> 　　나는 음악을 들었다.　我听音乐了。
> 　　→ 나는 어제 다운받은 음악을 들었다.　我听了昨天下载的音乐。

(4) 목적어가 여러 개가 나열된 구조이면 '了'는 문장 맨 끝이 아닌 동사 바로 뒤로 이동한다.

> 예　나는 사과를 먹었다.　我吃苹果了。
> 　　→ 나는 사과, 복숭아, 딸기를 먹었다.　我吃了苹果、桃和草莓。

새 ※ 단 ※ 어

다운받다 下载 xiàzài ㅣ 복숭아 桃 táo ㅣ 딸기 草莓 cǎoméi

문법 포인트

LEVEL UP ■ 동작의 지속을 의미할 때 了의 위치

[동사 + 了 + 수량/시량목적어 + 了]는 '~째 ~하고 있다'의 의미로 동작이 현재까지 계속됨을 뜻한다. 이때 일반목적어가 추가되면 목적어와 동사를 한 번 더 반복하여 [동사 + 목적어 + 동사 + 了 + 수량/시량목적어 + 了]의 형태로 쓴다.

- 나는 3년을 배웠다.   我学了三年。
  → 나는 3년째 배우고 있다.   我学了三年了。

- 나는 2시간째 보고 있다.   我看了两个小时了。
  → 나는 책을 2시간째 보고 있다.   我看书看了两个小时了。

- 나는 2그릇째 먹고 있다.   我吃了两碗了。
  → 나는 국수를 2그릇째 먹고 있다.   我吃面条吃了两碗了。

✓ 확인 연습

① 나는 베이징, 상하이와 칭다오에 갔다.

>> _____

② 그는 산책하러 갔다.

>> _____

③ 너 몇 바퀴 뛰었어?

>> _____

새 · 단 · 어

그릇·공기·사발 등을 세는 단위 碗 wǎn | 바퀴, 둘레, 범주 圈 quān

除了…以外

'~를 제외하고'의 뜻으로, 뒤에는 문장이 나온다.

> 예 너를 제외하고는 모두가 다 동의했다.   除了你以外，大家都同意了。
>
> 그 수업을 빼고는 모든 수업이 다 시험을 치러야 한다.
> 除了那门课以外，所有的课都要考试。
>
> 고수를 빼고는, 나는 다 먹을 수 있다.   除了香菜以外，我都能吃。

 离…很远/近

'~에서 멀다/가깝다'의 뜻으로, 거리를 나타낼 때 쓰는 표현이다. '很' 대신에 그 자리에 다른 다양한 정도부사를 쓸 수 있다.

> 예 우리 집은 학교에서 먼 편이어서, 학교에 가려면 1시간 반이 걸린다.
> 我家离学校比较远，上学要一个半小时。
>
> 우리가 묵으려고 하는 호텔은 공항에서 가까운 편이라서, 택시 타고 10분 정도밖에 안 걸린다.
> 我们要住的酒店离机场比较近，坐出租车只要十分钟左右。

> TIP) 우리말 '~에서'의 중작 표현 방법
>
> '从', '在', '离'는 모두 우리말에서 '~에서'로 번역되지만, 각각 그 쓰임에는 차이가 있다.
>
> ① 在: 동작의 발생 장소를 나타내는데, 바로 그 발생 장소에서 동작이 계속되고 있을 때 사용한다. 이때 행위자나 객체는 발생 장소에 있고, 이동은 없다. 즉, 행위자나 객체의 이동 없이, 발생 장소에서 동작이 계속 일어나고 있을 때 '在'를 쓴다.
>
> > • 나는 카페에서 책을 본다.   我在咖啡厅看书。
> > • 나는 운동장에서 뛴다.   我在操场跑步。
> > • 나는 도서관에서 아르바이트를 한다.   我在图书馆打工。
>
> ② 从: 객체나 행위자의 이동이 있을 때 사용한다. 예를 들어, '우유를 냉장고에서 꺼내다' 혹은 '나는 정문에서(으로) 들어왔다'처럼 객체(우유: 냉장고 안 → 냉장고 밖)나 행위자(나: 정문 밖 → 정문 안)가 이동될 때 사용한다. 우리말의 '~에서'로 번역되지만, '~로/~로부터'의 의미를 가진 '~에서'에 해당할 때 '从'을 사용한다.

새 ▪ 단 ▪ 어

동의하다 同意 tóngyì ㅣ 모든 所有的 suǒyǒu de ㅣ 고수 香菜 xiāngcài ㅣ 시간이 걸리다, 필요하다 要 yào ㅣ 호텔 酒店 jiǔdiàn ㅣ 공항 机场 jīchǎng ㅣ 대략 左右 zuǒyòu ㅣ 操场 cāochǎng 운동장 ㅣ 아르바이트하다 打工 dǎgōng

- 냉장고에서 우유 한 병 꺼내줄래? 从冰箱里拿出一瓶牛奶，好吗？ [냉장고 안 → 냉장고 밖]
- 땅에서 1천 원을 주웠다. 从地上捡起了一千块钱。 [땅 바닥 → 들어올림]
- 정문 쪽에서 들어 오세요. 从正门那儿进来吧。 [정문 밖 → 정문 안]
- 도서관에서 책을 한 권 빌려왔다. 从图书馆借来了一本书。 [도서관 안 → 도서관 밖]

③ 离: 서술어가 '멀다(远)/가깝다(近)'일 때, '~에서'를 나타내려면 반드시 '离'를 사용해야 한다.

- 우리학교는 지하철역에서 먼 편이다. 我们学校离地铁站比较远。
- 그를 좀 멀리해(그에게서 좀 멀리 떨어져). 离他远点儿。

挺…的

'挺'은 '아주'의 의미로, '很', '非常', '比较', '相当'과 같은 정도부사에 속한다. 다만 특이한 점은 일반적으로 뒤에 '的'를 붙여 같이 사용한다.

예 아주 싸네. 몇 개 더 사도 돼. 挺便宜的，你可以多买几个。〉TIP〉
이것도 아주 좋다. 这个也挺好的。

〉TIP〉 '多'의 용법에 대해서

① '多'를 동사 앞에 붙이면, '더(많이) ~하다'의 의미이다.

- 좀 더 먹어. 多吃一点。
- 오늘 날씨가 춥다. 좀 더 입어. 今天天气很冷，多穿点衣服。

② '多'가 형용사 앞에 쓰이면, '얼마나'의 의미를 가진다.

- 그 교실은 얼마나 커요? 那个教室多大?
- 그는 키가 얼마나 커요? 他个子多高?
- 너는 중국어가 얼마나 어려운지 아니? 你知道汉语多难吗?

새 ✕ 단 ✕ 어

병 瓶 píng | 줍다 捡 jiǎn (* 주워 올리다 捡起 jiǎnqǐ) | 들어오다 进来 jìnlái (* 들어가다 进去 jìnqù) | 빌리다 借 jiè (* 빌려오다 借来 jièlái)

☑ STEP 1에서 직접 작문한 문장과 아래 모범문을 비교하면서 다시 써보세요.

这个学期我选了七门课。我学中文已经学了一年了，但是还是觉得很难，所以这次又选了中文课。这个学期我课比较多，除了星期六以外，每天都有课。我家离学校比较远，每天要七点出门。今天中午，我有空儿，在图书馆的电脑上查资料了。晚上跟朋友去电影院看了一场电影，从电影院出来，我们一起吃了炸鸡，喝了啤酒。最近我的生活有点儿单调，不过今天挺开心的。

STEP 5 중작 연습

1 다음의 단어들을 어법 순서에 맞게 배열하세요.

1. 没 / 报告 / 你 / 写 / 了
   (너 리포트 썼니?)

   ➡ _____

2. 四个小时 / 工 / 我 / 了 / 昨天 / 的 / 打
   (나는 어제 4시간 동안 아르바이트를 했다.)

   ➡ _____

3. 书 / 我 / 了 / 两本 / 买
   (나는 책 두 권을 샀다.)

   ➡ _____

4. 汉语 / 学 / 学 / 了 / 了 / 两年 / 我
   (나는 중국어를 2년째 배우고 있다.)

   ➡ _____

5. 了 / 巧克力 / 朋友 / 我 / 我 / 吃 / 的 / 送给
   (나는 친구가 선물로 준 초콜릿을 먹었다.)

   ➡ _____

새 × 단 × 어

리포트 报告 bàogào | **아르바이트하다 打工** dǎgōng | **초콜릿 巧克力** qiǎokèlì | **~에게 선물을 주다 送给~** sònggěi~

2 다음 문장을 바르게 고쳐 쓰세요.

1. 去年我很喜欢听中国歌了。
   (작년에 나는 중국노래 듣는 것을 좋아했다.)

   ➡ _____

2. 去年我经常听中国歌了。
   (작년에 나는 중국노래를 자주 들었다.)

   ➡ _____

3. 我听了音乐两个小时。
   (나는 음악을 2시간 동안 들었다.)

   ➡ _____

4. 我买三件衣服了。
   (나는 옷을 세 벌 샀다.)

   ➡ _____

5. 我去年很想去中国了。
   (나는 작년에 중국에 가고 싶었다.)

   ➡ _____

3 앞에서 배운 내용을 활용하여 다음 문장을 중작하세요.

1.　나는 주말마다 아르바이트를 2개 한다.

　➡

2.　나는 지난 주말에 아르바이트를 2개 했다.

　➡

3.　나는 중국어를 1년 배웠다.

　➡

4.　나는 중국어를 1년째 배우고 있다.

　➡

5.　나는 작년에 토요일마다 중국어를 배웠다.

　➡

6.　겨울방학에 나는 베이징, 상하이, 칭다오에 갔다.

　➡

7.　6시에 나는 도서관에서 나왔다.

　➡

8.　우리학교는 지하철역에서 먼 편이다.

　➡

참고
단어
　신문·문건 등을 세는 단위 份 fèn ㅣ 칭다오 青岛 Qīngdǎo ㅣ 겨울방학 寒假 hánjià

4 다음 시간표에 근거해서 대답하세요.

《我这个学期的课程表》

	星期一	星期二	星期三	星期四	星期五
9:00	汉语	中国文化		中国文化	中国经济
10:00					
11:00		体育			
13:00	电脑设计		电脑设计		韩中贸易
14:00				汉语	
15:00					

1. 이번 학기 나는 몇 과목을 신청했습니까? 这个学期我选了几门课?

   ➡

2. 월요일에 나는 중국어 수업을 몇 시간 듣습니까? 星期一我上几节汉语课?

   ➡

3. 나는 무슨무슨 수업을 듣습니까? 我都上什么课?

   ➡

4. 금요일에 나는 몇 시간 수업을 합니까? 星期五我上几节课?

   ➡

5. 나는 전공과목 4과목, 교양과목 2과목을 신청했습니다. 어떤 과목들이 교양과목이라고 생각합니까? 我选了四门专业课，两门选修课。你觉得哪些课是选修课?

   ➡

새 ▪ 단 ▪ 어

컴퓨터 디자인 电脑设计 diànnǎo shèjì ㅣ 무역 贸易 màoyì ㅣ 수업의 교시, 시간을 나타내는 양사 节 jié ㅣ 전공과목 专业课 zhuānyèkè ㅣ 교양과목 选修课 xuǎnxiūkè

加油!

第四课

할머니 생신 준비
为奶奶的生日做准备

✏️ **학습 포인트**

· 주제 : 여행 준비

· 문법 : 경험의 '过' / 목적어의 순서 / 복문에서 '了'의 용법

· 표현 : 顺便 / 목적어가 문장 맨 앞에 나오는 경우

✏️ 참고단어를 활용하여 다음 문장을 중작해보세요.

나는 내일 할머니 댁에 가려고 하는데, 이번 주 일요일이 할머니 생신이기 때문이다. 내가 어렸을 때는 자주 갔었는데, 대학에 들어온 후에는 간 적이 없다. 할머니 댁은 부산인데, 거제도에서 비교적 가깝다. 거제도는 나는 한두 번 가봤는데, 이번에 (부산에) 가는 김에 다시 한 번 가려고 한다. 나는 아빠와 KTX를 타고 가기로 (상의)해서, 오늘 인터넷에서 표를 세 장 예매했다. 표를 예매한 후, 백화점에 가서 생신 선물과 내가 쓸 것들을 샀다. 할머니께서 이 선물을 좋아하실지 모르겠다. 집에 온 후, 나는 두 시간 동안 책을 보고, 리포트를 한 편 썼다. 나는 내일 수업을 마치고 돌아와서 짐을 쌀 것이다.

> 참고
> 단어

대학교에 들어가다(다니다) 上大学 shàng dàxué (= 考入大学 kǎorù dàxué / 회사에 들어가다 进公司 jìn gōngsī / 그는 삼성에 들어갔다. 他进了三星。) ㅣ ~한 적이 있다 过 guo ㅣ 부산 釜山 Fǔshān ㅣ 거제도 巨济岛 Jùjìdǎo ㅣ ~하는 김에 顺便 shùnbiàn ㅣ 상의하다 商量 shāngliang ㅣ 고속철도 高铁 gāotiě ㅣ 예약하다 订 dìng ㅣ 표 票 piào ㅣ 백화점 百货公司 bǎihuògōngsī ㅣ 보고서 报告 bàogào ㅣ 짐을 싸다 收拾行李 shōushi xíngli

✏️ 직접 작문해보기!

我明天要去奶奶家，

모범문은 59P에서 확인하세요~

STEP 2 문법 포인트

1 경험을 나타내는 过

(1) 중국어에서는 동사 뒤에 동태조사 '过'를 붙여서 '~한 적이 있다' 혹은 '~했었다'의 경험을 나타낸다. '了'와는 달리, 형용사나 심리·상태 동사 뒤에도 붙일 수 있다. 이때 '过'는 경성으로 읽는다.

> **예** 나는 중국음식을 먹어본 적이 있다. 我吃过中国菜。
>
> 너 어디어디 가봤어? 你都去过哪儿? ⟩*TIP*
>
> 나는 예전에 뚱뚱했었다. 我以前胖过。
>
> 나는 일찍이 그를 좋아했었던 적이 있다. 我曾经喜欢过他。
>
> 나는 그를 만난 적이 있다. 我跟他见过面。/ 我见过他。 이합사 – 하단의 LEVEL UP 참조

> ⟩*TIP* '都'가 의문문에서 의문사와 같이 쓰이는 경우
>
> 의문문에서 '都'가 먼저 나오고, 그 다음에 의문사가 나오는 경우가 있다. 이때는 의문사에 대해 하나하나 묻는 표현이다.
>
> • 너 무슨무슨 과목을 좋아해? 你都喜欢什么课?
>
> • 너 뭐뭐 먹어봤어? 你都吃过什么?
>
> • 그들은 다 누구누구야? 他们都是谁?
>
> • 너희 집 몇 식구야? 다 누구누구야? 你家有几口人? 都有什么人?

LEVEL UP ■ 이합사가 过와 같이 사용될 경우

① 이합사란, 동사 자체에 명사성 성분의 목적어를 가지고 있는 동사를 뜻한다.
'见面'은 '만나다'라는 의미인데, '보다'라는 동사성 성분의 '见'과 '얼굴'이라는 명사성 성분의 '面'이 결합해서, 한 동사로 만들어진 것이다. 이런 동사는 이미 명사성 성분의 목적어를 자체적으로 가지고 있기 때문에, 다른 목적어를 뒤에 가질 수 없다. 만약 다른 목적어가 와야 한다면 전치사를 이용해서 앞으로 이동시키거나, 다른 수단을 사용해야 한다. 이런 동사는 개별적으로 외우는 수밖에 없다.

> 예 만나다 见面 │ 수영하다 游泳 │ 잠자다 睡觉 │ 결혼하다 结婚 │ 졸업하다 毕业 │ 화 나다 生气 │ 진찰하다 看病

② '过'는 동태조사로, 일반적으로 중국어의 모든 조사와 보어는 명사성 성분 뒤에 올 수 없다. 그러므로 이합사와 '过'가 같이 쓰이는 경우 [동사성 성분 + 过 + 명사성 성분]의 구조가 되어야 한다.

> 예 见过面 │ 游过泳 │ 睡过觉 │ 结过婚 │ 生过气 │ 看过病

(2) 부정을 나타낼 때는 [没 + 동사 + 过]의 형식을 사용한다.

> 예 나는 중국음식을 먹어본 적이 없다. **我没吃过**中国菜。
>   나는 지금껏 뚱뚱했었던 적이 없다. **我从来没胖过**。
>   나는 지금껏 그를 좋아했었던 적이 없다. **我从来没喜欢过他**。
>   나는 그를 만난 적이 없다. **我没见过他**。 / **我没跟他见过面**。 〉*TIP*

> 〉*TIP* 중국어에서의 어순
>
> 부사, 조동사, 전치사가 동시에 나왔을 때의 순서는 일반적으로 [부사 + 조동사 + 전치사]이다. 일반적으로 '没'는 부정부사, '跟'은 전치사이므로, 자연스러운 어순은 '我没跟他见过面。(나는 그를 만난 적이 없다.)' 이다. 하지만 '我跟他没见过面。'으로도 말할 수 있는데, 이때는 '我跟他没见过面，只打过电话。(나는 그를 만난 적이 없고, 전화만 했었다.)'처럼 비교의 의미가 포함되어 있다는 것을 참고하여 알아두자.

✔ 확인 연습

① 너 얼마나 오랫동안 화를 내본 적이 없니?

   ≫ _____

② 난 생각도 한 적 없다.

   ≫ _____

③ 다른 사람이 언제 인터넷을 했었는지 어떻게 알 수 있나요?

   ≫ _____

---

2 목적어의 순서

> 형식 • 주어 + 동사 + 동태조사 + 시량/수량목적어 + 일반목적어
>   • 주어 + 동사 + 동태조사 + 대명사 목적어 + 시량/수량목적어

(1) 가장 일반적인 어순은 '수량/시량목적어'가 먼저 나오고, '일반목적어'가 나온다.

> 예 나는 책을 한 권 보았다. **我看了一本书**。
>   나는 중국어를 1년 배웠다. **我学了一年汉语**。

나는 베이징에 두 번 갔었다.　**我去过两次北京。**

나는 태국음식을 한 번 먹어본 적이 있다.　**我吃过一次泰国菜。**

(2) 그러나 일반목적어가 '대명사'일 경우는 '시량/수량목적어' 앞에 온다.

> 예　나는 거기에 한 번 가봤다.　**我去过那儿一次。（○）/ 我去过一次那儿。（✕）**
>
> 나는 그를 한 번 본 적이 있다.　**我见过他一次。（○）/ 我见过一次他。（✕）**

☑ 확인 연습

① 나는 1년 동안 이 상점에서 아르바이트를 한 적이 있다.

>> _____

② 그는 그곳에 하루에 3번 간 적이 있다.

>> _____

3 　복문에서 了의 용법

(1) 앞절의 동작과 뒷절의 동작이 선후관계를 나타낼 때 [선후구조]

앞절과 뒷절에 연속된 두 개의 동작이 나올 때, 먼저 일어난 동작(앞절 동사) 뒤에 '了'를 사용해서 그 동작의 완성을 나타낸다. 우리말의 '~하고 나서 ~하다' 혹은 '~해서 ~하다'의 경우에 해당된다. 이때는 과거이든 미래이든 상관없이 먼저 일어난 동작(앞절의 동사) 뒤에 '了'를 써야 한다. 미래일 경우에는, 먼저 일어난 동작(앞절 동사) 뒤에만 '了'를 붙이고, 과거일 경우는 앞절과 뒷절에 모두 '了'를 사용한다.

	먼저 일어난 동작(先 발생)	나중에 일어난 동작(后 발생)
과거	了	了
미래	了	X

예   나는 어제 수업을 마치고 영화를 보러 갔다.   我昨天下了课去看电影了。 [과거]

나는 내일 수업을 마치고 영화를 보러 갈 것이다.   我明天下了课就去看电影。 [미래]

나는 우선 중국어를 배우고, 다시 일어를 배울 것이다.   我先学了汉语再学日语。 [미래]

신호등 건너가서 세워주세요.   过了红绿灯停一下。 [미래]

어제 나는 상한 음식을 먹어서 설사를 했다.   昨天我吃了变质的食物，拉肚子了。 [과거]

> **TIP**   작문 연습 문장 설명

① 표를 예매한 후, 백화점에 가서 생신 선물과 내가 쓸 것들을 샀다.

订了票以后，去百货公司买了生日礼物和我自己要用的一些东西。 [과거]

→ 표를 예매한 동작이 백화점에 가서 물건을 산 것보다 먼저이므로, '订' 뒤에 '了'를 붙였다. 그리고 과거 의 문장이라 뒷절에도 '了'를 붙였는데, 목적어가 나열되어 있으므로 '了'가 동사 뒤에 이어서 등장했다.

② 나는 두 시간 동안 책을 보고, 리포트를 한 편 썼다.

我看了两个小时的书，写了一份报告。 [과거]

→ 책을 읽은 것이 보고서를 쓴 것보다 먼저이므로 '看' 뒤에 '了'를 붙였고, 문장이 과거이므로 뒷절에도 '了'를 붙였다. 목적어에 수량사가 있으므로 '了'는 동사 뒤에 이어서 등장했다.

③ 내일은 수업이 끝난 후 돌아와서 짐을 쌀 것이다.

我打算明天下了课就回来收拾行李。 [미래]

→ 수업이 끝나고 난 후에 짐을 쌀 것이므로, 수업이 끝나는 동작에 '了'를 붙였다. 이 문장은 미래이므로, 뒷절에는 '了'를 붙일 수 없다.

✓ 확인 연습

① 나는 우선 영어를 배우고, 다시 중국어를 배울 것이다.

  ≫ _____

② 어제 나는 옷을 얇게 입어서 감기에 걸렸다.

  ≫ _____

새 ◦ 단 ◦ 어

태국 泰国 Tàiguó | 신호등 红绿灯 hónglǜdēng | 멈추다, 정지하다 停 tíng | (사상·본질이) 변하다 变质 biànzhì | 음식물
食物 shíwù | 설사하다 拉肚子 lā dùzi | 얇다 薄 báo

(2) 앞절의 동사가 수단/방식을 나타내고, 뒷절의 동사가 결과를 나타낼 때 [수단/방식 → 결과 구조]

과거라 하더라도, 수단이나 방법이 되는 동작에는 '了'를 붙이지 않고, 결과를 나타내는 동작에만 '了'를 붙인다. '来/去' 연동문일 경우, '来/去' 뒤에는 붙이지 않는다.

예   그는 가서 물건을 샀다. **他去买东西了。** (○)

他去了买东西。 (✗)

	수단/방식	결과
과거	X	了
미래	X	X

예   나는 백화점에 가서 옷을 두 벌 샀다. **我去百货公司买了两件衣服。**

그는 자전거를 타고 백화점에 갔다. **他骑(自行)车去百货公司了。**

나는 운전해서 갔다. **我开车去了。**

> TIP 예문 설명
>
> 옷을 사기 위한 수단으로 백화점에 가는 것에는 了'를 붙일 수 없다. 하지만 '자전거를 타고 백화점에 갔다'에서의 수단은 '자전거를 타다'이고, 결과는 '백화점에 갔다'이므로, 결과를 나타내는 '백화점에 갔다'에는 了를 붙인다. 마지막 예문도 '운전해서' '간' 것이므로 운전한 것은 수단, 간 것은 결과이다.

✓ 확인 연습

① 나는 지하철을 타고 학교에 갔다.

   ≫

   _____

② 너 카드를 긁어서(신용카드로) 비트코인을 샀니?

   ≫

새 × 단 × 어

카드를 긁다, 신용카드로 결제하다 刷卡 shuākǎ | 비트코인 比特币 bǐtèbì

(3) 과거의 문장일 때 일반적으로 병렬구조에서는 두 문장 모두에 '了'를 붙인다. [병렬구조]

> **예**　나는 파란색을 골랐고, 그는 빨간색을 골랐다.　**我挑了蓝色的，他挑了红色的。**
>
> 　　 나는 국문과에 지원했고, 내 친구는 수학과에 지원했다.　**我报了国文系，我朋友报了数学系。**

LEVEL UP　■ 복문에서의 了의 용법 총정리

① 복문에서의 '了' 용법도 단문에서의 '了' 용법이 기초가 된다. 즉, 형용사나 심리동사, 조동사에는 과거라 하더라도 '了'를 붙일 수 없고, 동작동사라 하더라도 과거 일정기간 동안 자주, 반복적으로 일어난 일에는 '了'를 붙일 수 없다. 了의 용법 – 3과 참조

- 어제 눈이 와서, 오늘 길이 미끄러웠다.　**昨天下了雪，今天路很滑。**（○）/ **很滑了**（✕）
- 그는 작년에 자주 지각해서, 중국어 과목에서 F를 받았다.

　 他去年经常迟到，汉语课得了F。（○）/ **他去年经常迟到了**（✕）

② 복문은 내가 원하는 구조에 맞춰서 '了'를 붙이면 된다. 선후구조를 원하면, 먼저 발생한 일에 '了'를 붙이고, 수단 → 결과의 구조를 원하면 결과에만 '了'를 붙이고, 병렬구조를 원하면 모두 '了'를 붙인다.

- 나는 먼저 백화점에 갔고, 그 다음에 영화관에 갔다.　**我先去了百货公司，然后去了电影院。**
- 나는 백화점에 가서 옷을 샀다.　**我去百货商店买衣服了。**

③ 보통 객관적인 사실을 나열할 경우에는, 과거라 하더라도 일반적으로 '了'를 붙이지 않는다. 이때에 도 시간사로 시제를 나타낸다.

- 나는 어제 9시에 일어나서 10시에 밥을 먹고, 그러고 나서 학교에 가서 책을 보다가 3시쯤 집에 왔다.

　 我昨天早上9点起床，10点吃饭，然后去学校看书，3点左右回家。

Ⓐ　**✓ 확인 연습**

① 나는 만년필을 샀고, 그는 볼펜을 샀다.

　》

② 그는 중국에 갔고, 그녀는 미국에 갔다.

　》

새 ※ 단 ※ 어

고르다 挑 tiāo (= 선택하다 选择 xuǎnzé) ｜ 대학에 지원하다 报 bào (* 서울대학교에 지원하다 报首尔大学) ｜ 수학 数学 shuùxué ｜ 만년필 钢笔 gāngbǐ ｜ 볼펜 圆珠笔 yuánzhūbǐ

顺便

'~하는 김에, 겸사겸사'라는 뜻의 부사이다.

예 이김에 한 번 더 가려고 한다. **这次顺便要再去一次。**⟩*TIP*⟩

프랑스에 출장 가는 김에, 독일에 들르려고 한다. **我去法国出差，顺便要去趟德国。**

⟩*TIP*⟩ 부사와 조동사의 예외적인 위치

일반적으로 부사가 조동사 앞에 위치하는 것이 정상적인 어순이지만, '**再**'는 예외적으로 조동사 뒤에 위치하는 부사이다.

- 나는 다시 한 번 가고 싶다. **我想再去一次。**

 목적어가 문장 맨 앞에 나오는 경우

우리말에도 목적어에 대해서 말하고 목적어를 강조하고 싶을 경우, 목적격 조사 '을/를'이 아닌 '은/는'과 같이 문장 맨 앞에 나올 때가 있다.

예 난 그 영화를 보고 싶지 않아.

그 영화는 보고 싶지 않아.

중국어도 마찬가지이다. 목적어에 대해서 말을 하고, 그 목적어를 강조하고 싶을 경우는 문장 맨 앞으로 이동할 수 있다.

예 그 영화는 보고 싶지 않아. **那部电影，我不想看。**

이때 문장 맨 앞으로 이동하는 목적어는 특정성을 띠어야 한다. 수량사 목적어는 문장 앞에 나올 수 없다.

예 사과는 나 안 먹어. **苹果我不吃。（〇）**

一个苹果我不吃。（✕）

거제도는 난 한두 번 가봤어. **巨济岛我去过一两次。**

그 영화, 난 봤어. **那部电影我看过。**

새 ☀ 단 ☀ 어

프랑스 **法国** Fǎguó | 출장 가다 **出差** chūchāi | 독일 **德国** Déguó | 왕복을 나타내는 양사 **趟** tàng

✓ STEP 1에서 직접 작문한 문장과 아래 모범문을 비교하면서 다시 써보세요.

我明天要去奶奶家，因为这个星期天是奶奶的生日。我小时候常去，但上了大学以后，就一直没去过。奶奶家在釜山，离巨济岛比较近。巨济岛我去过一两次，这次顺便要再去一次。我跟爸爸商量坐高铁去，所以今天我在网上订了三张票。订了票以后，去百货公司买了生日礼物和我自己要用的一些东西，不知道奶奶喜不喜欢这个礼物。回家后，我看了两个小时的书，写了一份报告。我打算明天下了课就回来收拾行李。

1 다음의 단어들을 어법 순서에 맞게 배열하세요.

1. 中国 / 过 / 都 / 哪里 / 去 / 你
   (너는 중국 어디어디 가봤어?)

   ➡ _____

2. 课 / 去 / 了 / 老师 / 下 / 找 / 明天 / 我
   (나는 내일 수업이 끝나고, 선생님을 찾아갈 것이다.)

   ➡ _____

3. 喝 / 白酒 / 过 / 没 / 你 / 吗
   (너는 배갈을 마셔본 적이 없니?)

   ➡ _____

4. 釜山 / 了 / 他 / 车 / 玩 / 去 / 开
   (그는 운전해서 부산에 놀러 갔다.)

   ➡ _____

5. 一次 / 他 / 过 / 我 / 碰到
   (나는 그를 (우연히) 한 번 마주쳤다.)

   ➡ _____

새 ▪ 단 ▪ 어
배갈, 백주 白酒 báijiǔ | 우연히 마주치다 碰 pèng

2 다음 문장을 바르게 고쳐 쓰세요.

1. 他坐了地铁去学校了。
   (그는 지하철을 타고 학교에 갔다.)

   ➡ _____

2. 他从来没生气过。
   (그는 여태껏 화를 내본 적이 없다.)

   ➡ _____

3. 他去过三次那儿。
   (그는 세 차례 거기에 가봤다.)

   ➡ _____

4. 我们吃饭就见吧。
   (우리 밥 먹고 만납시다.)

   ➡ _____

5. 去年我每个星期一学了汉语课，学以后更喜欢汉语了。
   (작년에 나는 매주 월요일마다 중국어를 배웠는데, 배운 이후에 중국어가 더 좋아졌다.)

   ➡ _____

3 앞에서 배운 내용을 활용하여 다음 문장을 중작하세요.

1. 그 사람은 내가 만난 적이 있다.

   ➡

2. 나는 수업이 끝나고, 선생님을 찾아갔다.

   ➡

3. 나는 상한 음식을 먹어서 설사를 했다.

   ➡

4. 나는 슈퍼에 가서 맥주를 사는 김에 엄마가 부탁하신 소금 한 봉지를 사려고 한다.

   ➡

5. 이번에 나는 베이징에 가는 김에 톈진에도 한 번 다녀오려고 한다.

   ➡

6. 나는 어제 걸어서 학교에 갔다.

   ➡

7. 나는 예전에 한강에서 수영을 한 번 해본 적이 있다.

   ➡

8. 나는 그를 좋아한 적이 없다.

   ➡

참고
단어   소금 盐 yán ㅣ 수영하다 游泳 yóuyǒng

4 다음 그림을 보고, 상황을 중작하여 표현한 후 이야기해 보세요.

1.

2.

5 여행 계획을 세워보자. 어디로 여행을 갈 것인지, 무엇을 타고 가며 어떻게 표를 예매하고, 떠나기 전에 어떤 준비를 할지에 대해 이야기해 보자.

➡

참고
단어

여행사 旅行社 lǚxíngshè ┃ (차·선박·항공 등의) 표를 예매하다 订票 dìngpiào ┃ 취소하다 取消 qǔxiāo ┃ 확인하다 确定 quèdìng ┃ 환불하다/환불 退钱 tuìqián ┃ 단체여행 跟团游 gēntuányóu ┃ 자유여행 自由行 zìyóuxíng ┃ 배낭여행 背包旅行 bēibāo lǚxíng ┃ 3박4일 四天三夜 sì tiān sān yè ┃ 여행용 가방 行李箱 xínglǐxiāng ┃ 여행사이트 旅游网 lǚyóuwǎng

加油!

第五课

고향 생각

乡愁

✏️ **학습 포인트**

· 주제 : 계절 묘사하기와 비교하기

· 문법 : 비교문② – 동등, 최상 / 조동사① – 능력, 가능, 바람 /
　　　동사의 중첩

· 표현 : 反而 / 陪…

참고단어를 활용하여 다음 문장을 중작해보세요.

李莉는 요즘 집과 가족을 무척 그리워한다. 그녀의 집은 윈난 쿤밍에 있는데, 쿤밍은 중국 서남부에 있는 대도시이다. 윈난은 기후가 정말 좋다. 여름은 덥지 않고 쾌적하며, 겨울은 춥지 않을 뿐더러 오히려 따뜻하기까지 하다. 윈난의 봄은 한국의 봄만큼 따뜻하고, 또한 한국과 마찬가지로 여기저기 꽃이 핀다. 그래서 李莉는 한국의 봄을 좋아한다. 그녀는 개나리를 가장 좋아하는데, 이번 주말에 나는 그녀를 데리고 개나리를 좀 보러 가려고 한다. 그녀가 향수를 달랠 수 있기를 바라면서…

참고
단어

그리워하다 想念 xiǎngniàn | 윈난(성) 云南 Yúnnán | 쿤밍(시) 昆明 Kūnmíng | 기후 气候 qìhòu | 편안하다 舒服 shūfu | 따뜻하다 温暖 wēnnuǎn | 따뜻하다 暖和 nuǎnhuo | 여기저기, 도처에 到处 dàochù | 개나리 迎春花 yíngchūnhuā | 모시다 陪 péi | 희망하다 希望 xīwàng | 해소하다, 풀다 解 jiě | 향수 乡愁 xiāngchóu

▷ 직접 작문해보기!

李莉最近很想念家乡和她的家人。

모범문은 73P에서 확인하세요~

1 비교문② – 동등, 최상

(1) A와 B를 비교하여 'A가 B만큼 ~하다'는 표현은 다음과 같이 나타낸다.

> **형식**
> ・긍정 : A＋有＋B＋(这么/那么)＋형용사/심리상태 동사
> ・부정 : A＋没有＋B＋(这么/那么)＋형용사/심리상태 동사

이 문형에서 '有'는 '어떤 성질이 어느 정도에 달하고 있다'는 의미이고, '这么' 혹은 '那么'는 생략이 가능하다. 부정 형식은 '没'를 사용하는데, 이 때는 'A가 B만큼 ~하지 못하다'는 의미로 차등을 표현한다.

> **예**
> 동생은 나만큼 (이렇게) 커요. **弟弟有我这么高。**
> 동생은 나만큼 (이렇게) 크지 않아요.(= 내가 더 커요) **弟弟没有我这么高。**
> 이 휴대전화는 저것만큼 좋나요? **这个手机有没有那个好?**
> 저는 그 사람만큼 (그렇게) 커피를 좋아하지 않습니다. **我没有他那么喜欢喝咖啡。**

(2) 'A가 B와 같다'는 동등 표현은 [A＋跟(혹은 和)＋B＋一样]의 문형을 사용한다. 이 문형 뒤에 형용사 혹은 동사를 붙이면 'A는 B와 마찬가지로 ~하다'의 의미이다.

> **형식**
> ・A＋跟＋B＋一样   A는 B와 같다
> ・A＋跟＋B＋一样＋형용사/동사   A는 B와 마찬가지로 (형용사/동사)하다

> **예**
> 이 옷은 저것과 같아요. **这件衣服跟那件一样。**
> 이 옷은 저 옷과 마찬가지로 멋있어요. **这件衣服跟那件一样好看。**
> 내 생각은 너와 같아. **我的想法跟你一样。**
> 중국어를 배우는 데에는 듣기와 말하기가 똑같이 중요합니다. **学习汉语，听跟说一样重要。**

(3) '~이 가장 ~하다'는 최상급 표현은 '最'를 사용한다.

형식   • A＋最＋형용사/동사   A가 가장 (형용사/동사)하다

예   그의 집에서 그의 키가 가장 커요.   在他家他个子最高。
      제가 가장 좋아하는 중국음식은 탕수육입니다.   我最喜欢的中国菜是糖醋肉。

✔ 확인 연습

① 난 너랑 같아.
>>
_____

② 이 시계는 낡았지만, 새것처럼 정확하다.
>>
_____

③ 나는 그처럼 중국에 유학 가고 싶다.
>>
_____

새 ✖ 단 ✖ 어

탕수육 糖醋肉 tángcùròu ｜ 손목시계 手表 shǒubiǎo ｜ 낡다, 오래되다 旧 jiù ｜ 정확하다 准 zhǔn ｜ 수영, 수영하다 游泳 yóuyǒng

2　조동사① – 능력, 가능, 바람

(1) 능력 [能, 可以, 会]

객관적인 능력이나 조건에 맞은 경우는 '能', '可以'로 표현하고, 후천적인 학습을 통해 배양한 능력은 '会'로 표현한다.

> **예**　그는 이 한자를 쓸 수 있다.　他会写这个汉字。 / 他能写这个汉字。 / 他可以写这个汉字。
>
> 제 친구는 수영을 할 줄 압니다.　我朋友会游泳。 / 我朋友能游泳。
>
> 저는 술을 마실 수 있습니다.　我能喝酒。 / 我可以喝酒。 / 我会喝酒。

(2) 가능, 허락 [能, 可以]

가능한 것에 대해 말할 때에는 '能'을, 허락에 조금 더 초점을 맞춰 말할 때에는 '可以'를 쓴다.

> **예**　당신 아버지께서는 오실 수 있습니까?　你爸爸能来吗? / 你爸爸能不能来? /
>
> 　　　你爸爸可以来吗? / 你爸爸可不可以来?
>
> 이때, 너는 그 별을 볼 수 있을 것이다.　这个时候, 你能看到那颗星。 / 你可以看到那颗星。

> **TIP**　비슷한 듯 다른 조동사들

能	우리말의 '~할 수 있다'의 의미로 학습에 의한 것보다는 현재의 능력, 혹은 가능에 초점
会	① 우리말의 '~할 줄 알다'의 의미로 주로 학습에 의한 것에 초점 ② 막연한 추측으로 '~할 것이다', '~할 가능성이 있다'
可以	'가능'보다는 '허락'에 초점

> **예**　1살 된 어린아이가 걸을 줄 아냐고 물을 때: 他会走路吗?
> 막 다리를 삐끗한 친구에게 걸을 수 있겠냐고 물을 때: 你现在能走路吗?
>
> 1살 된 어린아이에게 말할 줄 아냐고 물을 때: 他会说话吗?
> 놀라거나 사고를 당해서 말을 못하는 사람에게 말할 수 있겠냐고 물을 때: 你现在能说话吗?
> 내가 말을 해도 되겠냐고 상대방의 의견을 물을 때: 我现在可以说话吗?
>
> 친구가 칵테일을 만들었는데, (사람이) 마실 수 있는 거냐고 농담처럼 물을 때: 这个鸡尾酒能喝吗?
> 친구가 만들어 놓은 칵테일을 마셔도 되냐고 물을 때: 我可以喝这个鸡尾酒吗?
>
> 그 사람이 바쁜데 올 수 있겠느냐고 물을 때: 他能来吗?
> 그가 막연히 '올까?'라고 물을 때: 他会来吗?

새 × 단 × 어
알갱이를 세는 양사 颗 kē | 별 星 xīng | 칵테일 鸡尾酒 jīwěijiǔ

(3) 의지, 바람, 희망 [要, 想, 愿意]

'要'는 '~하려고 한다', '~하고 싶다'는 의미로 의지나 계획을, '想'은 '~하고 싶다'는 의미로 소망을, '愿意'는 '~을 원하다'는 의미로 받아들일 의향을 표현한다.

> 예　저는 커피를 마실래요.　**我要喝咖啡。**
>
> 나는 내년에 반드시 중국으로 유학을 가려고 해.　**我明年一定要去中国留学。**
>
> 그는 집에 돌아가고 싶어한다.　**他想回家。**
>
> 그녀는 백화점에서 다이아몬드 목걸이를 하나 사고 싶어한다.　**她想在百货商场买一条钻石项链。**
>
> 그는 이 일을 하기를 원한다.　**他要做这件事。 / 他愿意做这件事。**
>
> 너 중국에 가서 유학하고 싶니?　**你要不要去中国留学? / 你愿意不愿意去中国留学?**

✔ **확인 연습**

① 여기서는 담배를 피울 수 없습니다.

　≫ _____

② 전 고수 빼고 뭐든 다 먹을 수 있어요.

　≫ _____

③ 너 이렇게 바쁜데 갈 수 있어?

　≫ _____

④ 오늘 비가 올까?

　≫ _____

⑤ 앞으로는 어떻게 될지 모르겠어요.

　≫ _____

새 × 단 × 어

다이아몬드 목걸이 钻石项链 zuànshí xiàngliàn | 담배를 피우다 抽烟 chōuyān | 고수 香菜 xiāngcài

---

3   동사의 중첩

중국어는 '한번 ~해보다', '잠깐 ~하다' 등의 의미를 전달할 때 동사를 중첩한다. 이 외에도 명령이나 부탁을 할 때 중첩을 하면 어기를 부드럽게 하는 기능도 있다.

> **예** 나는 이 옷을 한번 입어보고 싶다. **我想试试**这件衣服。
>
> 사장님이 저와 잠깐 이야기하려고 합니다. **老板要跟我**谈谈。
>
> 한번 좀 봐 주세요. **请帮我**看看**吧**。

동사가 1음절(A)인 경우, AA로 중첩하여 중첩 동사 사이에 '一'나 '了'를 넣을 수 있고, 동사 뒤에 '看'을 부가하여 시도의 의미를 강조할 수 있다. 2음절인 경우(AB), 형용사는 AABB 형태로 중첩하는 것과는 달리, 동사는 ABAB 형태로 중첩한다. 형용사의 중첩 – 2과 참조

> 내게 좀 들려줘. **给我听(一)听**。
>
> 그녀는 잠시 웃고는 돌아가 버렸다. **她笑了笑就回去了**。
>
> 우리 좀 쉽시다. **我们休息休息吧**。
>
> 집에서 공부 좀 해. **在家里学习学习吧**。
>
> 우리 한번 먹어보자! **我们吃吃看吧！**

LEVEL UP   ■ **동사의 중첩 예외 사항**

① 동사 중첩은 동사성 성분에 한해서 이루어지는 것이므로 즉, 이합사의 경우, 명사성 성분은 중첩할 수 없고 동사성 성분만 중첩한다.

•산책 좀 하다 **散散步 (○) / 散步散步 (✗)**
•산에 좀 오르다 **爬爬山 (○) / 爬山爬山 (✗)**

② 형용사가 동사처럼 쓰일 때가 있다. '高兴(기쁘다, 즐겁다)'이라는 형용사가 동사로 쓰일 때는 '즐거운 기분을 즐기다'라는 의미이다. 이때는 형용사의 중첩이 아닌, 동사 중첩의 형식을 따라서 ABAB로 쓴다.

•우리 나가서 기분 좋게 놀자. **我们出去高兴高兴吧**。 [동사]
•그는 즐겁게 학교에 갔다. **他高高兴兴地上学去**。 [형용사]

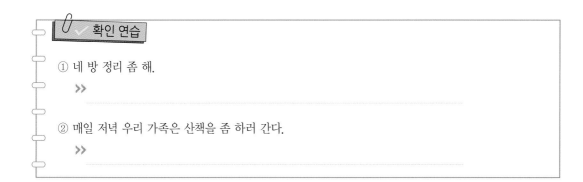

✓ 확인 연습

① 네 방 정리 좀 해.

>> _____

② 매일 저녁 우리 가족은 산책을 좀 하러 간다.

>> _____

새 ☓ 단 ☓ 어

시도하다 试 shì | 사장 老板 lǎobǎn | 이야기하다 谈 tán | 웃다 笑 xiào | 휴식하다, 쉬다 休息 xiūxi | 산책하다 散步 sànbù | 등산하다 爬山 páshān | 정리하다 整理 zhěnglǐ

反而

'오히려, 도리어'의 뜻으로 모두 앞의 서술 내용과 상반되는 내용을 연결할 때 사용하는 부사이다. '反而'은 특히 예상에 어긋나는 경우에 쓰이며, 주어 앞, 뒤 모두 출현할 수 있다.

> 예 나는 그에게 솔직하게 이야기했는데, 그가 도리어 나를 더 좋아하게 되었다.
> **我对他直话直说，他反而更喜欢我了。**
> 광저우는 난징의 남쪽이지만, 오히려 난징만큼 덥지 않다.
> **广州在南京的南面，反而没有南京热。**

 陪…

'陪'는 동사로도 쓰이고, 전치사로도 쓰인다. 동사로 쓰일 경우에는 '모시고 다니다'라는 의미이고, 전치사로 쓰일 때에는 '～를 모시고 (동사)하다', '～를 데리고 (동사)하다'의 의미이다.

> 예 나는 오늘 김선생님을 모셔야 한다. **今天我要陪金老师。** [동사]
> 매일 저녁 나는 아이와 놀아준다. **每天晚上我陪孩子玩。** [전치사]
> 어제 나는 엄마를 모시고 병원에 다녀왔다. **昨天我陪妈妈去医院了。** [전치사]

새 ■ 단 ■ 어
솔직하게 말하다 直话直说 zhíhuà zhíshuō | 광저우 广州 Guǎngzhōu | 난징 南京 Nánjīng

✅ STEP 1에서 직접 작문한 문장과 아래 모범문을 비교하면서 다시 써보세요.

李莉最近很想念家乡和她的家人。她的家乡在云南昆明，昆明是中国西南部的一个大城市。云南气候很好，夏天不热，很舒服；冬天不但不冷，反而很温暖。云南的春天有韩国这么暖和，而且跟韩国一样，到处都开花，所以李莉喜欢韩国的春天。她最爱迎春花，这个周末我要陪她去看看迎春花，希望能解她的乡愁。

STEP 5 중작 연습

1 다음의 단어들을 어법 순서에 맞게 배열하세요.

1. 日语 / 说 / 但 / 我 / 会 / 汉语 / 说 / 不会
   (나는 중국어는 할 줄 알지만, 일본어는 못 해요.)

   ➡ _____

2. 没有 / 学 / 学 / 难 / 汉语 / 英语 / 那么
   (중국어를 배우는 것은 영어만큼 어렵지 않다.)

   ➡ _____

3. 妈妈 / 的 / 的 / 好吃 / 这家 / 跟 / 饭菜 / 一样 / 餐厅 / 做
   (이 식당의 음식은 엄마가 만드는 것만큼 맛있다.)

   ➡ _____

4. 100米 / 12秒 / 他 / 跑 / 能
   (그는 100미터를 12초에 뛸 수 있어요.)

   ➡ _____

5. 活动 / 我 / 这个 / 参加 / 愿意
   (저는 이 이벤트에 참여하기를 원합니다.)

   ➡ _____

새 ◦ 단 ◦ 어

일본어 日语 Rìyǔ ㅣ 음식 饭菜 fàncài ㅣ 식당 餐厅 cāntīng ㅣ 100미터 一百米 yìbǎi mǐ ㅣ 초 秒 miǎo ㅣ 행사, 이벤트 活动 huódòng ㅣ 참가하다, 참여하다 参加 cānjiā

2 다음 문장을 바르게 고쳐 쓰세요.

1. 我今天才知道他年纪跟我大一样。
   (나는 오늘에서야 그의 나이가 나와 똑같은 것을 알았다.)

   ➡ _____

2. 我们聚在一起聊天聊天吧。
   (우리 함께 모여서 이야기합시다.)

   ➡ _____

3. 这本书有那本书一样有意思。
   (이 책이 그 책만큼 재미있다.)

   ➡ _____

4. 我能英语，但是还没有使用过。
   (저는 영어를 할 수 있지만 아직 사용해본 적이 없습니다.)

   ➡ _____

5. 我在家里休休息息。
   (나는 집에서 좀 쉴 거예요.)

   ➡ _____

새 ▪ 단 ▪ 어
나이, 연령 年纪 niánjì | 모이다 聚 jù | 잡담, 잡담하다 聊天 liáotiān | 사용하다 使用 shǐyòng

3 앞에서 배운 내용을 활용하여 다음 문장을 중작하세요.

1. 그 학생은 중국어 신문을 읽을 수 있습니다.

➡ _____

2. 저는 텔레비전을 보고 싶지 않고, 자고 싶어요.

➡ _____

3. 제 동생은 저와 마찬가지로 중국 드라마 보는 것을 좋아합니다.

➡ _____

4. 저희 어머니는 병이 나셨는데도 입원하려 하시지 않습니다.

➡ _____

5. 그가 쓴 소설 중에서 이것이 가장 인기가 있습니다.

➡ _____

6. 바람은 멈추지 않았고, 오히려 더 세졌다.

➡ _____

7. 집에 일이 생겨서 수업에 갈 수 없습니다.

➡ _____

8. 그 커피가 맛있다고 하는데, 저는 정말 맛보고 싶어요.

➡ _____

참고
단어

드라마 **电视剧** diànshìjù ㅣ 입원하다 **住院** zhùyuàn ㅣ 소설 **小说** xiǎoshuō ㅣ 인기가 있다, 환영 받다
受欢迎 shòu huānyíng ㅣ 듣기로는 ~이라 한다 **听说** tīngshuō

4 다음 그림을 보고, 상황을 중작하여 표현한 후 이야기해 보세요.

1.

2.

5 멀리 떨어져 지내는 사람에게 편지 쓰기(电子邮件格式)

收件人	…@……
主题	想念您
正文	亲爱的妈妈， 您好！ 祝您 身体健康！ 您的儿子/女儿：○○○

참고
단어

나뭇잎 叶子 yèzi ㅣ스케이트 타다 滑冰 huábīng

수신자 收件人 shōujiànrén ㅣ제목 主题 zhǔtí ㅣ본문 正文 zhèngwén ㅣ친애하다 亲爱 qīn'ài

복습 1

중국어의
어순

✏ 정리 포인트

- 주어 + 서술어

- 주어 + 서술어 + 목적어

- 주어 + (부사/조동사/전치사) + 서술어 + 목적어

중국어는 일반적으로 '주어 + 동사 + 목적어'의 어순이라고 알려져 있다. 하지만 이것만을 가지고 중국어 작문을 하기란 쉽지 않다.

이 과에서는 이 기본문형을 중심으로, 주어이지만 동사 뒤에 오는 경우, 목적어이지만 동사 뒤에 나올 수 없는 경우나 목적어가 2개 이상이 오는 경우 또는 전치사, 부사, 보어, 조사 등이 올 경우 등 전체적인 어순 및 예외적인 내용에 대해서 깊이 있게 설명하려 한다.

우선 예외를 제외한 일반적인 어순을 보면 다음과 같고 문장이 복잡해지면서 다양한 수식성분들이 추가되게 된다.

주어 + 　　　　　　　　 + 술어 + 　　　　　　　　 + 목적어

(부사 / 조동사 / 전치사)　　　　　보어 + 조사

일반적으로 중국어의 어순은 위와 같은 순서를 취한다. 물론 예외도 많지만, 대체적으로 위의 어순이라 생각하면 된다.

> **TIP** 부사/조동사/전치사/보어란?
>
> - 부사: 부정부사, 시간부사, 장소부사 등이 있는데, 주어와 동사 사이에 놓인다. [예 没, 就 등]
> - 조동사: 능원동사라고 하며 동사 앞에 놓인다. [예 要, 想 등]
> - 전치사: '개사(介词)'라고 하며, 명사와 함께 전치사구를 이루어 동사 앞에 놓인다. [예 在, 从, 把 등]
> - 보어: 결과보어, 정태보어 등이 있으며 동사와 함께 붙여 쓰이기도 한다.
>
> - 나는 집에서 책을 보기 싫다.　我不想在家看书。（○）/
> 　　　　　　　　　　　　　　我在家不想看书。（△）→ 我在家不想看书，想看电视。
> - 네가 나에게 전화해도 돼.　你可以给我打电话。（○）/
> 　　　　　　　　　　　　　　你给我可以打电话。（△）→ 不给我发电子邮件，你给我可以打电话。
>
> 일반적으로 자연스러운 어순은 [주어 + 부사 + 조동사 + 전치사 + 서술어]이지만 예외의 상황도 있는데, 이때는 위의 내용과 같이 의미가 더해지거나 달라지게 된다.

물론 예외가 있어서, 이 어순이 지켜지지 않을 때도 있다. 주로 단어의 특성이나 특수상황에 의한 것이니, 예외적인 것들은 그때그때 외워두도록 하자.

예　너 안 가도 돼.　你可以不去。

　　나는 다시 한번 가고 싶다.　我想再去一次。

문법 정리

1 **[주어 + 서술어]**

중국어에서는 동사와 형용사, 그리고 일부 명사가 서술어로 쓰인다.

⑴ [주어 + 동사]

중국어는 기본적으로 [주어 + 동사]의 순서이다. 의문문이라 해도 그 순서에는 변화가 없고, 뒤에 '吗'를 붙인다.

> **예**　나는 본다. **我看。**　　　너는 보니? **你看吗?**
>
> 나는 듣는다. **我听。**　　　너는 듣니? **你听吗?**
>
> 오늘 나는 간다. 너도 가니? 그 사람은 간다더라. **今天我去。你也去吗? 听说他去。**
>
> 오늘은 일요일이다. A가게는 열고, B가게도 연다. C가게만 열지 않는다.
>
> **今天星期天。A商店开，B商店也开，只有C商店不开。**

LEVEL UP　■ **[동사 + 주어]로 써야 하는 예외적인 경우**

① 대부분은 [주어 + 동사]이지만, 예외적인 경우 [동사 + 주어]로 써야 하는데, 이때의 주어는 특정적이지 않은 임의적인 명사이어야 한다. 일반적으로 수량사가 수반되는 명사는 임의적으로 간주한다.

- 그가 왔다. **他来了。**
- 한 사람이 왔다. **来了一个人。**

위 두 번째 예문의 '一个人'으로 표현되는 '한 사람'은 수량사가 들어갔으므로 임의적인 표현이다. 임의적이고 특정적이지 않으면 주어라 하더라도 동사 뒤에 와야 한다.

- 그가 문 앞에 앉아 있다. **他在门前坐着。**
- 문 앞에 한 사람이 앉아 있다. **门前坐着一个人。**

위 두 번째 예문의 '한 사람이 앉아 있다'라는 표현도 동사인 '坐'가 먼저, 주어 '一个人(한 사람)'은 동사 뒤에 와야 한다.

참고로 이러한 문장에 자주 쓰이는 동사에는 동작/자세를 나타내는 '躺(눕다)', '坐(앉다)', '站(서다)', '靠(기대다)', '停(멈추다)' 등과 배열/배치의 동사 '放(놓다)', '挂(걸다)', '摆(배열하다)', 출현/소실을 나타내는 '出现(나타나다)', '发生(발생하다)', 이동을 나타내는 동사 '来(오다)', '跑(뛰다)', '走(떠나다)' 등이 있다.

② 수량사가 없는 일반명사는 특정적일 수도 있고, 임의적일 수도 있다. 특정적일 때는 문장 앞에 써도 되지만, 특정적이지 않은 임의의 것을 지칭할 때는 동사 뒤에 온다.

- (기다리던 그) 손님이 왔다. **客人来了。**
- (임의의) 손님이 왔다 **来了客人。**

③ 비, 눈, 벼락, 천둥은 모두 특정성이 없는 자연현상이고, 이때 우리말로 해석되는 주어는 모두 동사 뒤에 온다. 다만 생성과 동시에 이름이 생기는 태풍만이 특정성을 띤 것으로 간주되어 원래 주어 자리인 동사 앞에 온다.

- 비가 온다. **下雨了。**
- 매년 이맘때 태풍이 온다. **每年这个时候刮台风。**
- 태풍 마리아는 2012년 10월 14일에 북서태평양상에서 생성되었다.
  台风玛利亚于2012年10月14日生成于西北太平洋洋面上。

④ 특정한 누군가인 '그'는 동사 앞에 오지만, 임의의 누군가를 찾는다면 동사 뒤에 와야 한다.

- 그가 있다. **他在。**
- 누구 계세요? **有<u>人</u>在吗?**

⑤ 수량사가 주어 자리에 오려면, 그 앞에 '有'를 붙이면 된다. 이때 '有'는 수량사 주어를 한정시키는 역할을 한다.

- 한 사람이 왔다. **有<u>一个人</u>来了。**

(2) [주어 + 형용사]

[주어 + 동사]와 달리 [주어 + 형용사]는 형용사 앞에 일반적으로 '很'과 같은 정도를 나타내는 부사를 붙여야 한다. 이때 '很'은 '아주'의 의미가 아닌, 형용사 서술어 앞에 붙여야 하는 형식적인 용법이다. '很' 대신 '非常'과 같은 정도부사를 사용해도 된다. 형용사 서술어의 용법과 활용 – 1과 참조

예   그녀는 예쁘다. **她很漂亮。**

중국어는 어렵다. **汉语很难。**

이 영화는 재미있다. **这部电影很好看。 / 这部电影很有意思。**

새 ※ 단 ※ 어

(바람이) 불다 刮 guā ┃ 태풍 台风 táifēng ┃ 생성되다, 생기다 生成 shēngchéng ┃ 태평양 太平洋 Tàipíngyáng

문법 정리

■ 형용사 서술어에 很이 오지 않는 경우

형용사 서술어에 다른 정도부사가 오지 않을 경우, '很'을 붙이는 것이 일반적이지만 다음 두 가지 경우에서는 생략되기도 한다.

① 의문문에서는 생략이 되기도 한다. 부정형식에서도 마찬가지이다.

- A: 중국어 어렵니? 汉语难吗?
  B: 중국어 어려워. 汉语很难。 / 중국어 어렵지 않아. 汉语不难。
- A: 중국음식 느끼하니? 中国菜油腻吗?
  B: 중국음식 안 느끼해. 中国菜不油腻。

② 비교를 나타낼 때는 정도부사 '很'을 붙일 수 없다.

- 밖은 춥고, 안은 따뜻하다. 外边冷，里边暖和。
- 이 빵은 겉은 바삭거리고, 안은 부드럽다. 这个面包外面脆，里面软。

(3) [주어 + 명사]

중국어에서는 명사가 서술어로 쓰일 때가 있는데 날짜, 요일, 시간, 나이, 가격에 한한다. 부정일 때는 부정부사 '不'만 넣는 것이 아니라 동사 '是'를 추가하여 '不是'를 사용한다.

명사 서술어의 용법과 활용 – 1과 참조

예 나는 스무 살이다. 我二十岁。

지금은 두 시다. 现在两点。

이것은 20위안이다. 这个二十块钱。

오늘은 금요일이지, 토요일이 아니다. 今天是星期五，不是星期六。

2 [주어 + 서술어 + 목적어]

중국어의 목적어는 우리말의 목적어와 쓰임새가 조금 다르다. 중국어에서 주의해야 할 것은, 목적어를 가질 수 있는 서술어가 있고, 가질 수 없는 서술어가 있다는 것이다. 목적어를 가질 수 없다면, 일반적으로 전치사를 이용해서 서술어 앞에 둔다. 목적어가 어떻게 쓰이는가는 동사의 성질에 따라서 외워야 한다.

(1) [주어 + 서술어 + 일반목적어]

중국어의 가장 일반적인 어순은 [주어 + 서술어 + 일반목적어]의 순서이다.

> 예　나는 책을 산다.　我买书。
> 　　나는 집에 간다.　我回家。

(2) [주어 + 서술어 + 수량/시량목적어]

중국어는 수량/시량구조가 목적어 위치에 쓰인다. 수량(数量)은 한 개, 두 개와 같은 수의 양을 나타내고, 시량(时量)은 한 시간, 6개월과 같은 시간의 양을 나타낸다.

> 예　나는 한 개를 먹는다.　我吃一个。
> 　　나는 한 시간을 듣는다.　我听一个小时。

(3) [주어 + 서술어 + 수량/시량목적어 + 일반목적어]

수량/시량목적어와 일반목적어가 같이 쓰이면, 일반목적어가 나중에 위치한다. 시량목적어와 일반목적어 사이에는 '的'를 쓸 수도 있고, 생략할 수도 있다.

> 예　나는 사과 한 개를 먹는다.　我吃一个苹果。
> 　　나는 음악을 한 시간 듣는다.　我听一个小时(的)音乐。

LEVEL UP ■ 목적어 위치의 예외적인 상황

① 일반목적어에 지시사가 있는 경우는 수량/시량목적어 뒤에 올 수 없고, 문장 맨 앞에 두거나 동사를 다시 한번 써주어야 한다.

- 나는 그 책을 두 번 봤다.　我看了两遍那本书。(✕)
　　　　　　　　　　　　　 那本书，我看了两遍。/ 我看那本书看了两遍。(○)

② 일반목적어가 아니라 대명사목적어일 경우는 수량/시량목적어 앞에 위치한다. 목적어의 위치– 4과 참조

- 나는 그를 한 번 본 적이 있다.　我见过一次他。(✕) / 我见过他一次。(○)

⑷ [주어 + 이합사]일 때 목적어의 위치

이합사란? '이합사(离合词)'는 '떨어져서도 쓰이고(离) 붙어서도 쓰이는(合)' 중국어 동사의 특징 중 한 부류이다. 보통 2글자의 단어로 쓰이는데, 뒤에 나오는 글자가 앞에 나오는 글자의 목적어 성분이 된다. 즉, 뒤에 나오는 글자는 명사성 성분이라고 볼 수 있다. 이합사는 자체적으로 목적어를 가지고 있기 때문에, 뒤에 또 다른 목적어가 나올 수 없다. 예를 들면, '见面', '游泳', '睡觉', '散步', '看病', '毕业', '生气', '旅行', '出发', '结婚', '离婚', '放假', '洗澡', '理发' 등이 있다.

见面	[예] 나는 그를 만난다. 我跟他见面。 '见面'은 '만나다'라는 뜻의 이합사로, '见'은 '보다'라는 동사성 성분이고, '面'은 '얼굴'이라는 명사성 성분이다. 그러므로 '他'라는 또 다른 목적어가 나올 수 없다. 그래서 '~와'를 나타내는 전치사 '跟'을 사용한다.
生气	[예] 내게 화내지 마. 别生我的气。 '生气'는 '화를 내다'는 뜻의 이합사로, '生'은 '생기다'라는 동사성 성분이고, '气'는 '화난 기운'을 나타내는 명사성 성분이다. '~에게 화를 내다'라는 문장은 '生…的气'로 사용한다.
结婚	[예] 그는 배우와 결혼한다. 他跟演员结婚。 '结婚'은 '결혼하다'라는 뜻의 이합사로, '结'는 '맺다'라는 동사성 성분이고, '婚'은 '혼인'이라는 명사성 성분이다. '~와 결혼하다'일 때, '跟…结婚' 문형을 사용한다.
毕业	[예] 나는 한국고등학교를 졸업했다. 我是韩国高中毕业的。 / 我毕业于韩国高中。 '毕业'는 '졸업하다'는 뜻의 이합사인데, '毕'는 '마치다'라는 동사성 성분이고 '业'은 '수업'이라는 명사성 성분이다. '~를 졸업하다'라고 할 때, '是…毕业的'나 '毕业于…'라는 문형을 사용한다.
游泳 / 睡觉	[예] 넌 얼마 만에 한 번 수영하러 가니? 你多久去游一次泳? 앞쪽으로 헤엄쳐가지 마, 앞에는 수심이 깊어. 别往前游了，前面水深。 너는 온종일 잠만 자니? 你整天光睡大觉吗? 고단하면 자라. 你累了就睡吧。 '游泳'는 '헤엄을 치다'는 뜻으로, '游'는 '수영하다'라는 동사성 성분이고 '泳'은 '헤엄'이라는 명사성 성분이다. 또한 '睡觉'는 '잠을 자다'의 뜻으로, '睡'는 '자다'라는 동사성 성분이고 '觉'는 '잠'이라는 명사성 성분이다. 이 두 동사성 성분은, 주로 이 명사성 성분과만 결합하기 때문에, 동사 하나만 써주어도 '수영하다', '자다'라는 의미를 나타낸다.

1 [주어 + 이합사의 동사성 성분 + 수량/시량목적어 + 이합사의 목적어 성분]

이합사는 일반적으로 별다른 성분이 없으면 붙어서 쓰이지만, 수량/시량목적어나 일반목적어가 나오면 떨어져서 쓰인다. 수량/시량목적어가 나오면 이합동사의 명사성 성분은 일반목적어처럼 수량/시량목적어 뒤에 쓴다.

> 예 나는 7시간을 잔다. 我睡七个小时(觉)。/ 睡觉七个小时(✕)
>
> 추석 때 중국은 하루를 쉰다. 中秋节的时候，中国放一天假。/ 放假一天(✕)
>
> 이미 7주일간 비가 내렸다. 已经下了一个星期的雨。/ 下雨一个星期(✕)
>
> 하루에 두 번 샤워하는 게 좋아요? 一天洗两次澡，好吗? / 洗澡两次(✕)

2 [주어 + 이합사의 동사성 성분 + 정태보어 得] /
[주어 + 이합사의 동사성 성분 + 결과보어 + 이합사의 명사성 성분]

중국어의 모든 보어는 동사성 성분 뒤에 나오지 명사성 성분 뒤에는 올 수 없다. 이합사와 주로 쓰이는 보어는 정태보어 '得'와 결과보어이고, 이들 보어가 나올 때 이합사는 떨어져서 쓰거나 정태보어의 경우 '得' 앞에서 동사를 한 번 더 써준다.

> 예 그녀는 달게 잤다. 她睡觉得很甜。(✕)
>
> 　　　　　　　　　　她睡觉睡得很甜。(○) / 她睡得很甜。(○)
>
> 비가 많이 내렸다. 下雨下得很大。
>
> 어디가 이발을 잘해요? 哪里理发理得好?
>
> 수영을 한 후에, 그를 만나러 간다. 我游完泳以后去跟他见面。
>
> 너 출장 간 적 있니? 你出过差吗?

3 동사 중첩을 할 때는 이합사의 동사성 성분만 중첩한다.

> 예 등산을 좀 하다 爬爬山
>
> 산책을 좀 하다 散散步
>
> 잠을 좀 자다 睡睡觉

새 ▪ 단 ▪ 어

수심 水深 shuǐshēn | 다만, 오직 光 guāng | 중추절, 추석 中秋节 Zhōngqiū Jié | 목욕하다, 몸을 씻다 洗澡 xǐzǎo | 이발하다 理发 lǐfà | 일깨우다, 깨우치다 提醒 tíxǐng | 회의를 하다(열다) 开会 kāihuì | 부탁하다 拜托 bàituō

⑸ [주어 + 서술어 + 사람목적어 + 기타목적어]

이 문형에서 서술어의 특징은 전치사를 쓰지 않는다는 것이다. 사람목적어가 쓰이지만, '~에게'
의 의미를 나타내는 '给', '跟'과 같은 전치사를 쓰지 않는다. 이러한 서술어에는 '告诉', '教', '问',
'通知', '拜托', '提醒', '转告', '祝贺' 등이 있다.

> 예　내게 알려줘.　告诉我。
> 　　나는 그에게 어떻게 가는지를 물었다.　我问他怎么去。
> 　　내게 3시에 회의가 있다고 리마인드해주세요.　请你提醒我三点开会。
> 　　죄송하지만 그에게 오늘 학교에 오지 말라고 전해주세요.　麻烦你转告他今天别来学校。
> 　　너한테 부탁해도 돼?　我可以拜托你吗?

3 [주어 + (부사/조동사/전치사) + 서술어 + 목적어]

주어와 서술어 사이에 부사, 조동사, 전치사가 올 수 있다. 이때 대략적인 순서는 일반적으로 '부 →
조 → 전'의 순이다. 문장의 어떤 성분을 강조한다거나, 개별 부사의 특징으로 인해서 순서가 달라지
는 경우가 있으니 이 순서만 맹신하면 곤란하지만, 그래도 대체적으로 이러한 순서를 취하니 알아
두자.

> 예　그는 이미 학교에 갔다.　他已经去学校了。
> 　　나는 학교에 가고 싶다.　我想去学校。
> 　　나는 학교에 가고 싶지 않다.　我不想去学校。
> 　　나는 화장품을 그녀에게 선물로 주었다.　我把化妆品送给她了。
> 　　나는 화장품을 그녀에게 선물로 주고 싶지 않다.　我不想把化妆品送给她。
> 　　나는 그에게 차였다.　我被他甩了。
> 　　나는 그에게 차이지 않았다.　我没被他甩。
> 　　나는 그에게 차이고 싶지 않다.　我不想被他甩。
> 　　나는 그를 만나고 싶지 않다.　我不想跟他见面。
> 　　나는 어제 도서관에서 책을 보지 않았다.　我昨天没在图书馆看书。

새 단어
화장품 化妆品 huàzhuāngpǐn | 떼 버리다, 떨구다 甩 shuǎi

■ 중국어는 일어난 순서대로 써주는 언어!

중국어의 기본문형은 위와 같지만, 커다란 틀은 일어난 순서대로 쓰는 것을 원칙으로 한다.

① 발생시점을 가장 먼저 써준다. 즉, 시간사는 주어 앞이나 뒤에 온다.

- 나는 두 시에 수업을 한다.　我两点上课。
- 매일 나는 10시에 잔다.　每天我十点睡觉。
- 나는 3시에 도서관에 가서 책을 본다.　我三点去图书馆看书。

② 동작이 발생하고 지속된 시간이나 수량은 동사 뒤에 써준다. 즉, 수량/시량목적어는 동사 뒤에 위치한다.

- 나는 10시간을 잤다.　我睡了十个小时。
- 나는 3시간 동안 책을 읽었다.　我看了三个小时(的)书。
- 나는 두 그릇을 먹었다.　我吃了两碗。

③ 동작의 발생 장소나 시점은 동사의 앞에 위치한다. 즉, 전치사는 동사 앞에 위치한다.

- 나는 회사에서 일한다.　我在公司工作。
- 나는 학교에서 공부한다.　我在学校学习。
- 3시부터 시작한다.　从三点开始。

④ 동작의 결과나 종착지점은 동사 뒤에 위치한다. 즉, 각종 보어는 동사 뒤에 위치함을 알아두자. 전치사로 쓰이는 단어들이 동사 뒤에서 결과보어로 쓰일 수 있다는 것을 주의하자.

- 그 책, 난 다 보았다.　那本书，我看完了。
- 나는 농구를 잘 한다.　我打篮球打得很好。
- 도서관까지 걸어가세요.　走到图书馆。
- 책상 위에 두었어.　放在桌子上。

⑤ 중국어는 사건이 일어난 순서대로 쓴다. '你昨天从三点到六点做什么了？'라고 물었을 때는 '从三点到六点看书了.'라고 대답하지만, 일반적으로 '나는 3시에서 6시까지 ~했어.'라고 말하고 싶을 때는 일어난 순서대로 써준다.

> **형식**　•동작의 발생시점＋동작＋동사의 종착지점

- 나는 어제 6시까지 보았다.　昨天我看到(了)六点。
- 나는 어제 6시까지 책을 보았다.　昨天我看书看到(了)六点。
- 나는 3시에서 6시까지 책을 보았다.　昨天我从三点看书看到(了)六点。
- 나는 10시까지 들었다.　我听到(了)十点。
- 나는 10시까지 음악을 들었다.　我听音乐听到(了)十点。
- 나는 6시에서 10시까지 음악을 들었다.　我从六点听音乐听到(了)十点。

위의 문장에서처럼 결과보어 '到' 뒤에 시간이 오면 동작이 끝난 상황의 경우 '了'를 시간 앞에 쓰며 이때는 생략이 가능하다.

加油!

第六课

방문
访问，做客

✏️ **학습 포인트**

· 주제 : 친구 집 방문

· 문법 : 동작의 진행 / 상태의 지속

· 표현 : 左右 / 一边…一边… / 好像

✏️ 참고단어를 활용하여 다음 문장을 중작해보세요.

오후에 나는 친구들과 함께 李莉 집에 갔다. 李莉 집은 학교 근처인데, 걸어서 10분 정도 가면 도착한다. 그녀의 방은 깔끔했다. 책장에는 많은 한국어 책이 가지런하게 꽂혀 있었고, 책상에는 한국어 교재가 놓여 있었다. 보아하니, 우리가 오기 전에 그녀는 열심히 공부하고 있었나 보다. 그녀는 중국차와 예쁜 다과를 내왔다. 우리는 차를 마시며 이야기를 나눴는데, 마치 중국의 어느 찻집에 있는 듯한 느낌이었다.

참고
단어

근처 **附近** fùjìn ㅣ 책꽂이 **书架** shūjià ㅣ 가지런하다 **整齐** zhěngqí ㅣ 진열하다 **摆** bǎi ㅣ 교재 **教材** jiàocái ㅣ 정교하다 **精致** jīngzhì ㅣ 다과 **茶点** chádiǎn ㅣ 느낌, 느끼다 **感觉** gǎnjué ㅣ 찻집 **茶馆** cháguǎn

✏️ 직접 작문해보기!

下午我和同学们一起去李莉家了。

모범문은 95P에서 확인하세요~

STEP 2 　문법 포인트

<table>
<tr><td>1</td><td>동작의 진행</td></tr>
</table>

> **형식**
> • 동사＋…＋呢
> • 正＋동사＋…＋呢
> • 在＋동사＋…＋(呢)
> • 正在＋동사＋…＋(呢)

(1) 동작의 진행은 위와 같은 형식을 통해 표현한다. 각 성분은 하나만 출현하거나 두 개가 같이 출현할 수 있다. '正'은 부사로 '막, 마침'의 의미이므로, 문맥에서 전후 시간이 긴밀하게 이어질 때 사용한다.

> 예　　그가 책을 보고 있다.　- 他看书呢。
> 　　　　　　　　　　　　　- 他正看书呢。
> 　　　　　　　　　　　　　- 他在看书(呢)。
> 　　　　　　　　　　　　　- 他正在看书(呢)。

(2) 동작의 진행은 현재뿐만 아니라 과거와 미래의 상황에도 쓸 수 있다. 즉, 각각 '~하고 있다(현재)', '~하고 있었다(과거)', '~하고 있을 것이다(미래)'의 의미를 전달한다. 부정 형식은 '正' 앞에 '没有'를 사용한다.

> 예　　내가 들어갔을 때, 민국이는 숙제를 하고 있었다. **我进去的时候，民国正在做作业。**
> 　　　다음 주 이때쯤, 나는 아마 아르바이트를 하고 있을 것이다. **下星期这个时候，我可能在打工呢。**
> 　　　아버지는 텔레비전을 보지 않고, 신문을 보고 계시다. **爸爸没有在看电视，在看报呢。**

(3) 진행의 형식은 일반적으로 동작동사와 결합할 수 있고, 다음의 동사와는 결합할 수 없다.

인지, 감정을 나타내는 동사	知道, 认识, 明白, 懂, 喜欢…
출현, 소실을 나타내는 동사	死, 停止, 结婚, 毕业…
방향을 나타내는 동사	来, 去, 进, 出…

위 동사 중 일부는 한국어로 '~하고 있다'의 의미에 대응되지만, 이런 동사도 역시 진행의 형식으로 표현할 수 없는 것에 주의해야 한다. 예를 들면 다음과 같다.

예 나는 그 사람을 알고 있다. 我在认识那个人。（✕）
    그 사람은 죽어가고 있다. 那个人在死。（✕）
    그가 여기로 오고 있다. 他在来这儿。（✕）

LEVEL UP ■ 진행의 在와 장소의 在가 같이 출현하는 경우

진행을 표현할 때, 장소를 표현하는 전치사 '在'가 출현하는 경우에 진행의 '在'는 일반적으로 생략한다.

• 그는 공원에서 점심을 먹고 있다. 他在公园里吃午饭(呢)。
• 그때 우리는 운동장에서 축구를 하고 있었다. 那个时候我们在操场踢足球。

✓ 확인 연습

① 저는 중국어 공부를 하고 있습니다.

　》

② 그때 저는 잠을 자고 있었습니다.

　》

③ 그는 공원에서 달리기를 하고 있어요.

　》

새 ▪ 단 ▪ 어
죽다 死 sǐ | 달리다 跑步 pǎobù

문법 포인트

2 상태의 지속

(1) 우리말의 '~아/어(여) 있다'를 중작할 경우, 보통 동사 뒤에 '着'를 붙인다. 정태적 동작이 지속되는 경우를 나타내고, 문장 끝에 '呢'를 부가할 수도 있다.

> 예   벽에 그림이 걸려 있다.   **墙上挂着画儿。**
>
>   밖에 한 사람이 서 있다.   **外面站着一个人。**
>
>   그가 앉아 있다.   **他坐着呢。**

(2) 우리말의 '~고 있다'를 중작할 경우, 역동적인 동작은 '在'로 표현하지만, 동작 이후 상태가 지속되는 의미는 '着'로 표현한다.

> 예   그녀는 (지금) 옷을 입고 있다.   **她在穿衣服。**
>
>   그녀는 빨간 색 옷을 입고 있다.   **她穿着红色的衣服。**
>
>   그는 선글라스를 쓰고 있다.   **他戴着墨镜。**

'着'를 사용할 경우, 정태적인 장면을 좀 더 강조하여 묘사하는 듯한 느낌이 있다.

> 예   그는 보고서를 쓰고 있다.   **他在写报告。** (역동성 강조)
>
>   그는 보고서를 쓰고 있다.   **他写着报告。** (정태적인 묘사 강조)

LEVEL UP   ■ **진행과 지속**

동작이나 행위를 표현하는 동사 중 일부는 동태적인 면과 정태적인 면을 동시에 가지고 있다. 아래의 첫 번째 예문에서 '写'는 동작이 계속 진행 중이므로 동태적인 면을 표현하였고, 두 번째 예문에서는 동작이 끝나고 난 후 '씌여져 있는' 정태적인 면을 표현하였다.

• 그는 글자를 쓰고 있다.   **他在写字呢。**

• 칠판에 글자 하나가 씌여 있다.   **黑板上写着一个字。**

진행으로 나타내지 못하는 동사는 상태의 지속으로도 나타내지 못한다. 다만 일부 감정을 표현하는 동사는 지속된 감정을 '着'를 붙여 표현할 수 있다.

• 그는 마음 속으로 줄곧 그녀를 사랑하고 있다.   **他心里一直爱着她。**

새 ■ 단 ■ 어

(목걸이, 팔찌, 안경, 모자 등을) 착용하다 戴 dài ┃ 선글라스 墨镜 mòjìng

■ '着' 연동문과 '一边…一边…'의 표현 비교

'~하면서 ~한다'의 의미를 전달하는 중국어 표현은 위에서 언급한 연동문 외에 '一边…一边…'이 있다.

같은 과의 표현 포인트 참조

• 그는 밥을 먹으면서 책을 본다. 他一边吃饭，一边看书。

'着' 연동문은 앞의 동작의 상태를 지속하면서 후속동작을 한다는 의미이고, '一边…, 一边…'은 2개의 역동적인 동작이 같이 일어날 때 사용한다. '一边…, 一边…'은 두 동작의 순서를 바꾸어도 의미가 변하지 않는 병렬적 의미를 표현한다.

• 휴대폰을 보면서 걷는 것은 위험하다. 看着手机走路很危险。
• 울면서 말하지 마. 别哭着说话。
• 그녀는 노래하면서 춤을 춘다. 她一边唱歌，一边跳舞。
• 그들은 밥을 먹으면서 수다를 떤다. 他们一边吃饭，一边聊天。

✓ 확인 연습

① 그는 모자를 쓰고 있다.

≫

② 문이 열려 있다.

≫

③ 책상에 책이 많이 놓여 있다.

≫

새 ▪ 단 ▪ 어

걷다 走路 zǒulù ｜ 위험하다 危险 wēixiǎn

左右

'가량, 안팎, ~정도'의 뜻으로 수량 표현 뒤에 붙여서 어림수를 나타낸다.

> 예   학교까지 지하철을 타면 30분 정도 걸려요.   到学校坐地铁要三十分钟左右。
>
> 그는 이미 10개 정도를 먹었어요.   他已经吃了十个左右。
>
> 이 서가의 길이는 5미터 정도입니다.   这个书架长五米左右。

 一边…一边…

두 가지 동작이 동시에 이루어지는 상황을 표현할 때 쓰인다. '边…边…' 형식으로 나타낼 수도 있다.

> 예   그는 음악을 들으면서 숙제를 한다.   他一边听音乐，一边做作业。
>
> 그들은 노래를 부르면서 춤을 춘다.   他们一边唱歌，一边跳舞。 / 他们边唱边跳。

 好像

부사로 동사 앞 혹은 주어 앞에 놓을 수 있다. '好像'은 '마치 ~같다'의 뜻으로 추측 혹은 비유를 나타내는데, 문미에 '一样' 혹은 '似的'를 부가하여 함께 표현할 수 있다.

> 예   선생님은 내가 지각한 것을 모르시는 것 같다.   老师好像不知道我迟到。
>
> 이 음식 아주 맛있네, 마치 우리 엄마가 해주신 것 같아.   这个菜很好吃，好像我妈妈做的一样。
>
> 그녀들은 마치 친자매 같다.   她们好像亲姐妹似的。

새 × 단 × 어
춤, 춤을 추다 跳舞 tiàowǔ | ~와 같다 …似的 …shìde

STEP 4 모범문

 STEP 1에서 직접 작문한 문장과 아래 모범문을 비교하면서 다시 써보세요.

下午我和同学们一起去李莉家了。她家在学校附近，走着去10分钟左右就能到。她的房间很干净，书架上整齐地摆着很多韩文书，桌子上放着韩语教材。看来，在我们来之前，她在用功学习呢。她拿出了中国茶和精致的茶点。我们一边喝茶，一边聊天，感觉好像在中国的一家茶馆里。

중작 연습

1 다음의 단어들을 어법 순서에 맞게 배열하세요.

1. 时候 / 呢 / 吃 / 那个 / 早饭 / 在 / 她
   (그때 그녀는 아침식사를 하고 있었습니다.)

   ➡ _____

2. 电脑 / 放 / 笔记本 / 桌子上 / 一台 / 着 / 一个 / 和
   (책상 위에 컴퓨터 한 대와 노트 한 권이 놓여 있습니다.)

   ➡ _____

3. 教室 / 正 / 他们 / 时候 / 聊天 / 的 / 进 / 在 / 老师
   (선생님이 교실로 들어오실 때 그들은 이야기를 하고 있었습니다.)

   ➡ _____

4. 幅 / 墙上 / 两 / 着 / 客厅 / 画 / 挂
   (거실 벽에는 그림 두 폭이 걸려 있습니다.)

   ➡ _____

5. 广播 / 听 / 看 / 一边 / 一边 / 爷爷 / 报
   (할아버지는 라디오를 들으시면서 신문을 보십니다.)

   ➡ _____

새×단×어

노트, 공책 笔记本 bǐjìběn | 그림 등을 세는 양사, 폭 幅 fú | 벽 墙 qiáng | 거실 客厅 kètīng | 걸려있다 挂 guà | 방송,
라디오 广播 guǎngbō | 신문 报 bào

2 다음 문장을 바르게 고쳐 쓰세요.

1. 在我进办公室的时候，他在打了电话。
   (제가 사무실에 들어갔을 때, 그는 통화를 하고 있었어요.)

   ➡ _____

2. 老师让打瞌睡的同学站看书。
   (선생님은 졸고 있는 학우들에게 일어서서 책을 보라고 시키셨다.)

   ➡ _____

3. 他们班的学生都在骑马着。
   (그들 반 학생들은 모두 말을 타고 있습니다.)

   ➡ _____

4. 门前在整齐地摆着鞋子。
   (문 앞에는 신발이 가지런하게 놓여있습니다.)

   ➡ _____

5. 我们在教室里在做作业呢。
   (우리는 교실에서 숙제를 하고 있습니다.)

   ➡ _____

새 ▪ 단 ▪ 어

사무실 办公室 bàngōngshì ㅣ 졸다 打瞌睡 dǎ kēshuì ㅣ 가지런히 하다 整齐 zhěngqí ㅣ 배열하다, 벌여 놓다 摆 bǎi ㅣ 신발
鞋子 xiézi

3 앞에서 배운 내용을 활용하여 다음 문장을 중작하세요.

1. 10글자 정도 쓰면 됩니다.

   ➡ _____

2. 그는 마치 자고 있는 것 같아요.

   ➡ _____

3. 제 친구가 바로 빨간 옷을 입고 있는 사람이에요.

   ➡ _____

4. 요즘 사람들은 휴대전화를 보면서 식사를 합니다.

   ➡ _____

5. 공원에서 아이들이 노래를 부르고 있습니다.

   ➡ _____

6. 친구들이 숙제를 하고 있습니다.

   ➡ _____

7. 그는 일어선 채로 밥을 먹고 있어요.

   ➡ _____

8. 밖에 아직 비가 내리고 있어요.

   ➡ _____

4 다음 그림을 보고, 상황을 중작하여 표현한 후 이야기해 보세요.

1.

_____

_____

_____

2.

_____

_____

_____

5 자신의 방안을 자유롭게 묘사해 보세요.

➡ _____

_____

_____

참고
단어

낙서 涂鸦 túyā | 어지럽다, 무질서하다 乱 luàn | 부딪히다 撞 zhuàng | 신호등 红绿灯 hónglǜdēng
가구 家具 jiājù | 침대 床 chuáng | 옷장 衣柜 yīguì | 컴퓨터 电脑 diànnǎo | 모니터 显示器
xiǎnshìqì | 사진 照片 zhàopiàn | 액자 相框 xiàngkuàng

第七课

나의 꿈
梦想

✏ **학습 포인트**

- 주제 : 나의 새로운 꿈 – 게임 디자이너
- 문법 : 정태보어 / 비교문③ – 동작동사의 경우
- 표현 : 동사 + 결과보어 '到' / 就是 / 为了… / 不怎么…

📝 참고단어를 활용하여 다음 문장을 중작해보세요.

나는 오늘 늦게 일어났다. 어제 너무 늦게 잤기 때문이다. 요즘 나는 컴퓨터게임에 푹 빠져서, 보통 새벽 두세 시까지 한다. 매일 오랜 시간 동안 (컴퓨터게임을) 하지만, 늘 잘 못한다. 나는 요즘 새로운 목표가 생겼는데, 바로 컴퓨터게임 디자이너가 되는 것이다. 이 목표를 이루기 위해서, 나는 책을 많이 읽었는데, 이건 내가 스토리텔링을 하는 데 도움을 준다. 별도로, 난 캐릭터 분석과 시장 분석을 공부하고 있다. 1학년 때는 그다지 놀지도 않고, 그렇다고 공부도 안 했는데, 후회가 좀 된다. 지금부터 난 나의 목표를 위해서 노력할 것이다.

참고 단어

~에 푹 빠지다 迷上 míshàng ㅣ 컴퓨터게임 电脑游戏 diànnǎo yóuxì (* 컴퓨터게임을 하다 玩电脑游戏 wán diànnǎo yóuxì) ㅣ 늘 总是 zǒngshì ㅣ 목표 目标 mùbiāo ㅣ 디자이너 设计师 shèjìshī ㅣ 위하여 为了 wèile (= 为 wèi) ㅣ 이야기를 엮다, 이야기를 창작하다 编故事 biān gùshi (* 이야기 故事 gùshi) ㅣ 캐릭터, 이미지 形象 xíngxiàng ㅣ 분석, 분석하다 分析 fēnxī ㅣ 시장 市场 shìchǎng ㅣ 그다지(별로) ~하지 않다 不怎么… bùzěnme… ㅣ 후회하다 后悔 hòuhuǐ

✏️ 직접 작문해보기!

我今天起得很晚，

모범문은 111P에서 확인하세요~ ➡

STEP 2 · 문법 포인트

1 정태보어

(1) 우리말의 부사어를 중작하는 방법 중 하나로 중국어의 정태보어 '得(de)' 구문이 있다. 정도보어, 양태보어라고도 말하며, 이때 '得' 뒤에 나오는 것을 보어 성분이라고 한다.

우리말에서 서술어를 수식해주는 부사어는 형용사를 변형시켜 사용해 [형용사 + 동사(예쁘게 생겼다)] 혹은 부사를 이용하여 [부사 + 동사(잘 했다)]로 나타낸다. 일반적으로 이 문형을 중국어로 번역할 경우, '得'를 사용하는 것이다. 단, 명령일 경우는 사용할 수 없다. 명령은 [형용사 + 동사(多吃 많이 먹어, 快跑 빨리 뛰어)]로 사용한다.

	한국어	중국어
명령	부사 + 동사 많이 먹어 / 빨리 뛰어	형용사 + 동사 多吃 / 快跑
이미 일어난 일이거나 습관처럼 늘 그러한 일	주어 + 부사어 + 서술어 그녀는 예쁘게 생겼다 / 그는 빨리 걷는다(걷는 게 빠르다)	주어 + 동사 + 得 + 형용사(보어 성분) 她长得很漂亮 / 他走得很快

그는 늦게 왔다.　　　　　　　　잘 했어.

他来　得　很晚。　　　　你做　得　很好。

✓ 확인 연습

① 그는 천천히 걷는다.

　》 _____

② 그는 자세하게 썼다.

　》 _____

③ 그는 예쁘게 만들었다.

　》 _____

(2) 동사에 목적어가 있을 경우, 다음의 문형을 사용한다. 이때 앞에 등장한 동사는 생략할 수 있다.

> **형식**　•주어＋(서술어)＋목적어＋서술어＋得＋형용사
> 　　　　　　(생략 가능)　　　　(생략 불가능)　(보어 성분)

예　그는 방을 깨끗이 청소했다.　他 / 打扫 / 房间 / 打扫 / 得 / 很干净。
　　　　　　　　　　　　　　　　他 / 房间 / 打扫 / 得 / 很干净。
　　　　　　　　　　　　　　　　他 / 打扫 / 得 / 很干净。
　　　　　　　　　　　　　　　　他 / 打扫 / 得 / 房间 / 很干净。（✕）
　　그는 중국어를 잘 한다.　他(说)汉语说得很好。
　　그는 요리를 맛있게 한다.　他(做)菜做得很好吃。

이는 원래 '他说汉语＋得＋很好'인데, 중국어의 모든 보어는 예외 없이 동사성 성분 뒤에만 나오
므로 정태보어 '得' 앞에도 동사성 성분이 나와야 한다. '汉语'는 명사성 성분이므로, 어쩔 수 없이
동사성 성분인 '说'를 한 번 더 써주는 것이다. '得' 바로 앞에 다시 써준 '说'는 생략할 수 없으므로,
만약 동사를 하나 생략한다면, 첫 번째 동사 '说'를 생략해야 한다.

(3) 부정은 주로 '不'로 하며 '得' 뒤에 써준다.

예　그는 늦게 왔다. (그가 온 것이 이르지 않다.)　他来得不早。
　　　　　　　　　　　　　　　　　　　　　　　他没有来得早。（✕）/ 他不来得早。（✕）
　　나는 그다지 분명하게 보지 않았다.　我看得不太清楚。
　　(내가 본 것이 그다지 분명하지 않다.)

(4) 의문 역시 '得' 뒤쪽에서 이루어진다.

예　그가 일찍 왔니?　他来得早不早？ / 他来得早吗？
　　　　　　　　　　他来没来得早？（✕）
　　너는 또렷하게 보이니?　你看得清不清楚？ / 你看得清楚吗？

> **TIP** 정태보어 문형의 '了'
> 정태보어 문형은 이미 일어난 일을 나타내므로 또 다시 '了'를 붙여줄 필요가 없다.
> •그는 일찍 일어났다.　他起得很早。（○）/ 他起得很早了。（✕）
> •그는 음식을 맛있게 만들었다.　他做菜做得很好吃。（○）/ 他做菜做得很好吃了。（✕）

LEVEL UP 이합사와 정태보어의 결합시 주의해야 할 점

이합사는 자체적으로 명사성 목적어를 가지고 있는 동사이므로, '得'를 사용할 경우 동사성 성분을 다시 한번 써주어야 한다. 이때 '헤엄치다 游泳', '자다 睡觉'와 같이 다른 명사성 성분과 결합하기 힘든 동사('游'와 '睡')는 첫 번째 동사이더라도 생략하기 힘들다는 것에 유의하자. 그러므로 이합사는 정태보어 문장에서 앞에 있는 동사를 생략하지 않는 것이 작문할 때 안전하다.

- 그는 수영을 잘 한다.   他游泳游得很好。 / 他游得很好。
- 나는 잠을 정말 푹 잤다(단잠을 잤다).   我睡觉睡得很甜。 / 我睡得很甜。

✓ **확인 연습**

① 그는 농구를 잘 한다.

≫ _____

② 그는 오늘 빵을 맛있게 만들었다.

≫ _____

③ 그들은 결혼을 너무 일찍 했다.

≫ _____

④ 나는 즐겁게 이야기를 했다.

≫ _____

---

(5) '得' 앞에 형용사가 오기도 한다. 이때 뒤에 나오는 보어는 제한적이다. 이렇게 형용사의 정도를 나타낸다고 해서, 정도보어라고 이름이 붙여졌다. 형용사의 정도를 나타낼 때에는 '得' 대신 '极了'를 자주 쓰기도 한다. ('得' 뒤에 나올 수 있는 단어들: 很, 多, 要命, 受不了 등)

예   난 있는 게 시간이야(시간은 난 너무 많아).   时间，我多得很。

오늘 참을 수 없을만큼 덥다.   今天热得受不了。

요즘 죽을만큼 바빠.   最近忙得要命。

이 드라마는 정말 잘 만들었다(최고다).   这部电视剧精彩极了。

새 ⁕ 단 ⁕ 어

(공연, 발표, 글 등이) 뛰어나다, 훌륭하다 精彩 jīngcǎi

⑥ 이 외에 정태보어 '得'는 우리말의 '~해서 ~하다'의 문형을 나타낼 때에도 쓰인다. '동사/형용사 + 得 + 구 혹은 절'의 형태로 쓰인다. 즉, '得' 뒤에 나오는 보어 성분은 동사와 형용사로 인해 형성되는 결과를 말한다. '得' 뒤에 형용사가 나오는 문형과 구 혹은 절이 나오는 문형을 구분해서 익히도록 하자.

형식 · 주어 + 동사/형용사 + 得 + 구 혹은 절
(술어의 결과)

예 그는 피곤해서 온몸에 땀이 다 흘렀다.　他累得全身都流汗了。
　　그녀는 변해서 가족들도 못 알아봤다.　她变得家人都不认识了。
　　그는 슬퍼서 계속 울었다.　她伤心得一直哭。
　　그는 기뻐서 (깡총깡총) 뛰기 시작했다.　他高兴得跳了起来。

✔ 확인 연습

① 그는 피곤해서 하루종일 잤다.

　》

② 나는 기뻐서 나도 모르게 눈물이 났다.

　》

③ 그는 배가 고파서 밥을 두 공기나 먹었다.

　》

새 ▸ 단 ▸ 어
땀을 흘리다 流汗 liúhàn | 변하다 变 biàn | 슬프다 伤心 shāngxīn | 울다 哭 kū | 눈물 眼泪 yǎnlèi | 배고프다 饿 è

---

2   비교문③ – 동작동사의 경우

⑴ 동작동사의 비교구문은 '得'를 사용한다. 'A는 B보다 더 ~하다'를 표현할 경우, 다음의 표현을 사용한다. 비동작동사의 비교문은 – 2과 참조

> **형식**
> • A + 比 + B + 동작동사 + 得 + (更/还) + 보어 성분
> • A + 동작동사 + 得 + 比 + B + (更/还) + 보어 성분

> 예   나는 그보다 일찍 왔다. 我比他来得早。 / 我来得比他早。
> 그는 나보다 잘한다. 他比我做得好。 / 他做得比我好。

⑵ 'A는 B만큼 ~하다'라고 표현할 경우에는 '有'를 사용한다.

> **형식**
> • A + 有 + B + 동작동사 + 得 + (这么/那么) + 보어 성분
> • A + 동작동사 + 得 + 有 + B + (这么/那么) + 보어 성분

> 예   나는 그만큼 일찍 왔다. 我有他来得早。 / 我来得有他早。
> 나는 그녀만큼 빨리 뛴다. 我有她跑得快。 / 我跑得有她快。

⑶ 동사가 목적어를 수반하는 경우는, 주어 자체가 [주어 + 동사 + 목적어] 구조가 되어 이를 한 덩어리로 취급해야 한다. '比'는 바로 그 뒤에 나오거나, '得' 뒤에 나온다.

> 예   나는 너보다 노래를 더 잘한다. 我比你唱歌唱得好听。(✕)
> 我唱歌比你唱得好听。 / 我唱歌唱得比你好听。(○)
> 나는 너만큼 중국어를 잘한다. 我说汉语有你说得流利。 / 我说汉语说得有你流利。

⑷ 동사가 시량/수량목적어를 수반할 경우는 '得'가 사라지고 [A + 比 + B + (보어 자리의) 형용사 + 동작동사 + 수량/시량목적어]의 문형이 된다.

> **형식**   • A + 比 + B + (보어 자리의) 형용사 + 동작동사 + 수량/시량목적어 + 일반목적어

예	나는 너보다 빨리 왔다.	我比你来得<u>早</u>。
	→ 나는 너보다 5분 빨리 왔다.	我比你<u>早</u>来了5分钟。
	나는 너보다 더 샀다.	我比你买得<u>多</u>。
	→ 나는 너보다 세 벌 더 샀다.	我比你<u>多</u>买了三件。
	→ 나는 너보다 옷을 세 벌 더 샀다.	我比你<u>多</u>买了三件衣服。

(5) 부정형식은 '比'나 '有' 자리에 '没(有)'를 사용한다.

예	我<u>比</u>他来得早。 → 나는 그보다 일찍 오지 않았다.	我<u>没有</u>他来得早。
	我<u>有</u>他来得早。 → 나는 그만큼 일찍 오지 않았다.	我<u>没有</u>他来得早。
	아빠가 엄마만큼 요리를 잘하지 못한다.	爸爸做菜<u>没有</u>妈妈做得好吃。 /
		爸爸做菜做得<u>没有</u>妈妈好吃。

(6) 보어 성분(형용사) 앞에 '那么'나 '这么'를 넣기도 한다.

| 예 | 나는 그 사람보다 노래를 잘 부르지 못한다. | 我唱歌没有他唱得<u>那么</u>好听。 / |
| | | 我唱歌唱得没有他<u>那么</u>好听。 |

✓ 확인 연습

① 그는 나보다 음악을 세 시간 더 들었다.

>>

_____

② 남동생은 나만큼 책을 열심히 본다.

>>

_____

③ 그는 나보다 세 번을 더 봤다.

>>

_____

새 ▪ 단 ▪ 어

듣기 좋다 好听 hǎotīng | 유창하다 流利 liúlì | 맛있다, 맛나다 好吃 hǎochī

① 동사 + 결과보어 到

'동사 + 到'는 중작할 때 보통 다음의 세 가지 경우에서 사용한다. 우리말의 '~까지'로 번역되는 경우와 '~으로/~에'로 번역되는 경우가 있지만, 이들의 공통점은 '到' 뒤에 나오는 명사는 결과나 종착을 나타내는 장소나 시간이 나온다는 것이다.

1 우리말의 '~까지'

> 예　도서관까지 걸어가다　**走到图书馆** [걸어간 종착점이 도서관]
> 세 시까지 책을 읽다　**看书看到三点** [책을 읽는 종결시간이 3시]
> 12시까지 자다　**睡到十二点** [자는 동작의 종결시간이 12시]
> 내가 어디까지 이야기했지?　**我说到哪儿了?**
> 어제 나는 내 친구집에서 밤 11시까지 놀았다.　**昨天我在朋友家玩到(了)晚上十一点。**

2 우리말의 '~로' 혹은 '~에'

> 예　신촌으로 이사 가다　**搬到新村** [이사를 간 동작의 종착점이 신촌]
> 쓰레기통에 버리다　**扔到垃圾桶里** [물건을 버린 종착점이 쓰레기통]
> 집으로 배달 가능해요?　**可以送到我家吗?**
> 제가 이 편지를 당신 사무실로 보낼게요.　**我要把那封信发到您的办公室。**

3 과정이 아닌, 한 지점에서의 결과를 나타낼 때 사용
일반적으로 중국어의 동사는 과정을 나타내는 동사가 대부분이다. '看了'는 과거에 '보는' 과정이 있었고, '听了'는 과거에 '듣는' 과정이 있었고, '找了'는 과거에 '찾는' 과정이 있었다는 것만을 알려준다. 한 지점에서 보았는지 못 보았는지, 그 말을 들었는지 못 들었는지, 결국 찾았는지 못 찾았는지의 결과에 초점을 맞추려면, '到'를 써줘야 한다.

> 예　그 사람 웃는 얼굴, 너 봤어?　**他的笑容，你看到了吗?**
> 그 사람이 방금 말한 그 말, 너 들었어?　**他刚刚说的那句话，你听到了吗?**
> 나는 한참을 찾아서 결국 찾았다.　**我找了半天，终于找到了。**
> 난 하루 종일 찾았는데, 못 찾았다.　**我找了一整天，但没找到。**

새 ▪ 단 ▪ 어

옮기다, 이사하다 搬 bān ㅣ 내버리다 扔 rēng ㅣ 쓰레기통 垃圾桶 lājītǒng ㅣ 웃는 모습 笑容 xiàoróng

就是

1 바로, 곧 ~이다

예 이 영화를 한마디로 말하면, 바로 사랑이다.　这部电影，用一句话来说就是爱。
A: 중국어가 영어보다 배우기가 쉬워. 네 생각은?　汉语比英语好学。你觉得呢？
B: (바로) 그렇지. 영어는 십 년을 배워도 안 돼.　就是，英语呢，学了十年还不行。

2 不是A，就是B: A하지 않으면, 곧 B하다('A이거나 B이거나'의 의미)

예 그는 그다지 착실하지 않아서, 지각하지 않으면 오지 않는다.
他不太踏实，不是迟到，就是不来。
그는 매주 월요일에 오지 않으면 화요일에 온다.　他不是每个星期一来，就是星期二来。
집에서 쉴 때, 나는 잠을 자지 않으면 텔레비전을 본다.
在家休息的时候，我不是睡觉，就是看电视。

>*TIP* 不是A, 而是B: A가 아니라 B이다
- 이번에는 내가 가는 것이 아니라, 그가 가는 것이다.　这次不是我去，而是他去。
- 가고 싶지 않은 것이 아니라, 시간이 없어서 갈 수 없는 것이다.
不是不想去，而是没有时间不能去。
- 그는 일본어를 할 줄 아는 게 아니라, 중국어를 할 줄 안다.
他不是会说日语，而是会说汉语。

새 ◦ 단 ◦ 어
착실하다 踏实 tāshi

为了…

'~를 위하여, ~하기 위하여'의 의미로 목적을 나타낼 때 사용된다. '为'와 같은 뜻이지만, 일반적으로 '为了'는 동작의 목적, '为'는 대상의 목적을 표현한다는 미세한 차이가 있다.

예   대학시험에 합격하기 위해서, 나는 거의 매일 밤을 새워 공부했다.
    为了考上大学，我差不多每天熬夜学习。
    스트레스를 풀기 위해서 나는 여행을 갈 생각이다.　**为了减轻压力，我打算去旅行。**
    우정을 위해 건배!　**为友谊干杯！**
    그동안 우리는 이번 공연을 위해 많은 준비를 했다.　**这段时间我们为这次演出做了很多的准备。**
    다이어트를 위해서 나는 오늘부터 저녁을 먹지 않을 것이다.　**为了减肥，我从今天起不吃晚饭。**

 不怎么…

'별로 ~하지 않다, 그다지 ~하지 않다'의 뜻이다. 과거의 일을 언급할 경우 '不' 대신 '没'를 넣어 '没怎么'로 쓴다. '不怎么样'도 '그리 좋지 않다'는 뜻으로 자주 쓰인다.

예   이 옷은 별로 예쁘지 않으니, 다른 거 사자.　**这件衣服，不怎么好看。我们买别的吧。**
    걱정 마. 나는 매우 건강해서 그다지 힘들지 않아.　**你放心吧。我身体挺健康，不怎么吃力。**
    어제 먹은 그 귤은 그다지 달지 않았다.　**昨天吃的那个橘子不怎么甜。**
    어제 밤에 너무 더워서, 나는 잠을 별로 잘 못 잤다.　**昨晚太热了，我没怎么睡。**
    A: 이거 어때?　**这个怎么样？**
    B: 그냥 그래(일반적이야).　**不怎么样。**

새 × 단 × 어
(시험을 봐서) 합격하다 考上 kǎoshàng ｜ 밤을 새우다 熬夜 áoyè ｜ (스트레스를) 줄이다 减轻 jiǎnqīng ｜ 스트레스 压力 yālì ｜ ~하려고 하다 打算 dǎsuàn ｜ 우정 友谊 yǒuyì ｜ 건배하다 干杯 gānbēi ｜ 공연, 공연하다 演出 yǎnchū ｜ ~부터 从 ~起 cóng~qǐ ｜ 안심하다, 마음을 놓다 放心 fàngxīn ｜ 힘들다, 애쓰다 吃力 chīlì

✅ STEP 1에서 직접 작문한 문장과 아래 모범문을 비교하면서 다시 써보세요.

我今天起得很晚，因为昨天睡得太晚了。最近我迷上了电脑游戏，一般玩到凌晨两三点。虽然每天玩很长时间，但总是玩得不太好。我最近有了一个新的目标，就是成为一个电脑游戏设计师。为了实现这个目标，我看了很多书，这可以帮助我编故事。另外，我在学习形象分析和市场分析。一年级的时候，我没怎么玩儿，也没怎么学习，有点儿后悔。从现在开始，我要为我的目标努力。

1 다음의 단어들을 어법 순서에 맞게 배열하세요.

1. 过 / 春节 / 好 / 你 / 不 / 得 / 今年 / 好
   (올해 설은 잘 보냈습니까?)

   ➡ _____

2. 汉字 / 马虎 / 个 / 太 / 这 / 写 / 孩子 / 了 / 得
   (이 아이는 한자를 너무 대충 썼어요.)

   ➡ _____

3. 考 / 他 / 比 / 试 / 得 / 我 / 好 / 考
   (그는 시험을 저보다 잘 봤습니다.)

   ➡ _____

4. 比 / 说 / 好多 / 你 / 说 / 以前 / 汉语 / 了 / 得
   (너는 중국어를 예전보다 더 잘 하는구나.)

   ➡ _____

5. 了 / 早 / 你 / 大学 / 她 / 上 / 比 / 一年
   (그녀는 당신보다 대학에 1년 먼저 들어갔어요.)

   ➡ _____

새 ✱ 단 ✱ 어
대충하다 马虎 mǎhu

2 다음 문장을 바르게 고쳐 쓰세요.

1. 她觉得自己长得比妹妹很好看。
   (그녀는 자기가 여동생보다 더 예쁘다고 생각합니다.)

   ➡ _____

2. 他上课没有上得很认真。
   (그는 열심히 수업 받지 않습니다.)

   ➡ _____

3. 昨天我到六点听音乐。
   (어제 저는 6시까지 음악을 들었습니다.)

   ➡ _____

4. 他跑步得快不快?
   (그는 빨리 달리니?)

   ➡ _____

5. 我比你更看了一个小时。
   (나는 너보다 한 시간을 더 봤어.)

   ➡ _____

중작 연습

3 앞에서 배운 내용을 활용하여 다음 문장을 중작하세요.

1. 비록 그는 때때로 틀리게 말하지만, 아주 유창하게 말한다.

   ➡ _____

2. 지금의 상황은 내가 너보다 더 분명히 이해하고 있다.

   ➡ _____

3. 학생 중에서, 어떤 학생은 노래하는 것이 마치 가수 같다.

   ➡ _____

4. 공부는 부모를 위해서가 아니라, 자신을 위한 것이다.

   ➡ _____

5. 요즘 그는 밥을 아주 적게 먹는데, 저보다도 적습니다.

   ➡ _____

6. 그와 그의 애인은 멀리 떨어져 있어서 자주 만나지 못합니다.

   ➡ _____

7. 이번 학기는 내가 아주 바빠, 내가 너보다 세 과목을 더 들어.

   ➡ _____

8. 옷이 그다지 깨끗하게 빨리지 않는데, 아마 세탁기가 고장이 난 것 같아.

   ➡ _____

참고
단어

그 가운데, ~중에서 当中 dāngzhōng ㅣ 가수 歌手 gēshǒu ㅣ 음료 饮料 yǐnliào ㅣ 세탁기 洗衣机 xǐyījī

4 다음 그림을 보고, 상황을 중작하여 표현한 후 이야기해 보세요.

1.

2.

5 자신의 취미에 대해 자유롭게 글로 써보세요.

➡

참고
단어

산꼭대기 **山顶** shāndǐng | 자장면 **炸酱面** zhájiàngmiàn
쇼핑하다 **上街** shàng jiē | 인터넷 서핑 **上网** shàngwǎng | 채팅, 수다떨다 **聊天** liáotiān | 컴퓨터게
임을 하다 **玩电脑游戏** wán diànnǎo yóuxì | TV를 시청하다 **看电视** kàn diànshì | 독서하다 **看书**
kànshū | 운동하다 **运动** yùndòng | 수영하다 **游泳** yóuyǒng | 축구하다 **踢足球** tī zúqiú | 등산하다
爬山 páshān | 달리기하다 **跑步** pǎobù | 그림 그리다 **画画儿** huà huàr

加油!

第八课

훠궈
火锅

✏️ **학습 포인트**

- 주제 : 음식에 대해
- 문법 : 결과보어 / '把'자문
- 표현 : 在一起 / 比如 / (做)起来 / 只要…就…

참고단어를 활용하여 다음 문장을 중작해보세요.

지난 주말에 나는 친구들과 함께 모여 훠궈를 먹었다. 훠궈는 우리들이 모두 아주 좋아하는 중국음식 중 하나이다. 나뿐만 아니라 친구들도 다 특히 좋아한다. 훠궈는 만들기가 쉬운데, 탕을 우려내고 그리고 나서 각종 재료를 모두 깨끗이 씻으면 다 준비된 것이다. 식재료는 다양한데, 예를 들면, 채소, 두부, 고기, 해산물 등이다. 먹는 방법도 아주 간단해서, 이 식재료를 탕에 넣어 좀 데쳐서 익으면 바로 먹을 수 있다. 그날 저녁 우리는 모두 매우 배불리 먹었고, 얼굴에 만족한 웃음을 띠며 집으로 돌아갔다.

참고
단어

모이다 **聚** jù ㅣ 훠궈(중국음식) **火锅** huǒguō ㅣ 삶다, 우리다 **熬** áo ㅣ 탕, 국 **汤** tāng ㅣ 식재료 **食材** shícái ㅣ 다양하다 **多种多样** duōzhǒng duōyàng ㅣ 예를 들면 **比如** bǐrú ㅣ 채소 **蔬菜** shūcài ㅣ 해산물 **海鲜** hǎixiān ㅣ 데치다, 휘젓다 **涮** shuàn ㅣ 익다, 익히다 **熟** shú ㅣ 만족하다 **满意** mǎnyì ㅣ 웃는 얼굴 **笑容** xiàoróng

직접 작문해보기!

上周末我跟朋友们聚在一起吃火锅。

모범문은 123P에서 확인하세요~

STEP 2 문법 포인트

1 결과보어

(1) 동사 뒤에 다른 동사 혹은 형용사를 붙여 동작이나 행위의 결과를 보충 설명해주는 것을 결과보어라고 한다. 다음의 결과보어로 쓰이는 주요 동사와 형용사, 그리고 예문을 확인하자.

동사	饱	배가 부르고 속이 꽉 참 [예] 저는 이미 배불리 먹었으니, 드세요. 　我已经吃饱了，你们吃吧。
	错	어떤 행위가 잘못되어 틀림 [예] 아이는 한자를 잘못 썼다. 　孩子写错汉字了。
	到	목적의 달성 또는 어떤 지점에 도달함 [예] 제가 교실에서 그 책을 찾았어요. 　我在教室里找到了那本书。
	懂	상황 등을 알고 이해함 [예] 저는 그 말을 듣고 이해했습니다. 　我听懂了那句话。
	对	어떤 행위 등이 옳게 됨 [예] 그 학생이 맞게 설명했다. 　那个学生说明对了。
	给	물건 등을 받는 사람 쪽으로 이동시킴 [예] 나는 그에게 선물을 하나 주었다. 　我送给他一个礼物。
	会	무언가를 할 수 있고, 그에 대한 것을 습득함 [예] 나는 운전을 할 줄 알게 되었다. 　我学会开车了。
	见	보고 들어서 파악함 [예] 나는 그가 여기 온 것을 보았다. 　我看见他来这里了。
	完	어떤 일 또는 행동이 끝남 [예] 나는 그 책을 다 읽었다. 　我看完了那本书。
형용사	好	완성이 되거나 만족스러운 상태가 됨 [예] 당신 준비 다 됐어요? 　你准备好了吗?
	清楚	상황이나 상태가 명확해짐 [예] 분명히 들었으니 그만 얘기하세요. 　我听清楚了，你别说吧。
	惯	상황이나 상태에 익숙해짐 [예] 나는 중국음식 먹는 것에 익숙해졌다. 　我吃惯中国菜了。

⑵ 동사와 결과보어 사이에는 목적어 혹은 다른 성분을 삽입할 수 없다. (단, 가능보어 형식에서는 동사와 결과보어 사이에 '得/不'를 삽입한다. 가능보어 – 10과 참조)

> 예　아이는 글자를 잘못 썼습니다.　孩子写错字了。（○）/ 孩子写字错了。（✗）

⑶ 부정 형식은 동사 앞에 '没有'를 사용한다. 부정의 대상은 동작이나 행위가 아니라 결과보어이다. 즉, 동작이나 행위가 실현되었지만 그 결과가 발생하지는 않았다는 것을 나타낸다. 정반의 문문은 [동사 + 결과보어 … + 了 + 没有?] 형식을 사용하거나 혹은 [동사 + 没 + 동사 + 결과보어…?]의 형식을 사용한다.

> 예　아이는 글자를 잘못 쓰지 않았습니다.　孩子没有写错字。
> 저는 이 책을 다 보지 않았습니다.　我还没有看完这本书。
> 듣고 이해했습니까?　你听懂了没有? / 你听没听懂?

LEVEL UP ■ **결과보어의 쓰임**

결과보어는 동작이나 행위의 결과만을 표현할 뿐이서 과거 상황이든 미래 상황이든, 그리고 실제상황이든 가정상황이든 다 사용할 수 있다.

- 내일 저는 이 책을 다 볼 겁니다.　明天我会看完这本书。
- 여기에서도 라디오를 들을 수 있습니다.　在这儿也能听到广播。
- 네가 빨간 옷을 입으면, 우리가 쉽게 볼 거야.　如果你穿红色的衣服，我们就容易看见你。

📎 **확인 연습**

① 나는 배불리 먹었습니다.

》

② 그는 책을 다 보았다.

》

③ 학생은 맞게 대답했다.

》

새 × 단 × 어
방송, 방송하다 广播 guǎngbō | 대답하다 回答 huídá

문법 포인트

2 '把'자문

(1) 일반 서술문과의 다른 점은 '把'자문은 목적어를 화자와 청자가 미리 알고 있고, 그 목적어에 대해서 말할 때 쓴다.

> 예　너 숙제 있어?(숙제가 있는지 없는지 모를 경우)　你有作业吗?　네.　有。
>
> 숙제 다 했어?(숙제가 있는지 아는 경우)　你把作业做好了吗?　아니요.　还没有。

(2) '把'자문은 '처리문'이라고도 한다. 목적어를 어떻게 처리하였고, 처리된 결과가 어떠한지를 써주는 문장이다. 그러므로 동사 단독으로는 사용하지 않고 처리된 결과를 나타내주는 성분이 있어야 한다. 처리된 결과는 결과보어, 방향보어, 정태보어, 수량보어, 동사중첩, '一下' 등을 써서 나타낸다.

> 예　너 숙제 다 했어?　你把作业做了吗? (✕) / 你把作业做好了吗? (○) [결과보어]
>
> 리리는 컵을 깨끗하게 씻었다.　李莉把杯子洗得很干净。[정태보어]
>
> 신분증을 가지고 왔어요?　你把身份证带来了吗? [방향보어]
>
> 이곳의 상황을 모두에게 소개 좀 해주세요.
>
> 你把这里的情况给大家介绍一下吧。 / 你把这里的情况给大家介绍介绍。[一下/동사중첩]
>
> 그 학생들은 본문을 두 번 읽었다.　那个学生把课文念了两遍。[수량보어]

(3) '把' 목적어는 화자와 청자가 아는 특정한 것이어야 한다. 임의적인 것은 나올 수 없어서, 수량사가 들어가는 목적어는 사용할 수 없다.

> 예　너 말 다했어?　你把话说完了吗? (○) / 你把一句话说完了吗? (✕)

(4) 동사 자체에 소실의 의미가 있어서 결과를 써줄 수 없는 동사들은 단독으로도 쓰인다. 이런 동사들로는 '丢', '扔', '告诉' 등이 있다.

> 예　나는 지갑을 잃어버렸다.　我把钱包丢了。
>
> 나는 쓰레기를 버렸다.　我把垃圾扔了。
>
> 나는 그 소식을 그에게 알려주었다.　我把那个消息告诉他了。

⑤ 반드시 '把'자문을 써야 하는 경우도 있는데, 동사 뒤에 '到', '成', '在', '口' 등 결과보어가 붙는 상황이다.

> 예 나는 책을 책상 위에 놓았다. **我把书放在桌子上了。**（○）/ **我放在桌子上书了。**（✕）
>
> 나는 한화를 달러를 바꿨다. **我把韩币换成美元了。**
>
> 그는 소포를 그의 고향으로 부쳤다. **他把包裹寄到他老家了。**

⑥ '把'자문의 동사는 목적어를 가진 동사로, 주로 이동, 처리 등의 의미를 지닌다. '是', '有', '在', '来', '去', '喜欢', '觉得', '知道', '懂'과 같이 판단, 존재, 방향, 심리, 인지 등을 정태적인 것을 표현하는 동사는 단독으로 '把'자문에 쓸 수 없다.

> 예 나는 그 여자아이를 좋아한다. **我把那个女孩喜欢。**（✕）/ **我喜欢那个女孩。**（○）

⑦ '把'는 전치사이다. 일반적인 상황에서 부사와 조동사는 '把' 앞에 위치한다.

> 예 그는 선물을 여자친구에게 주지 않았다. **他没把礼物送给女朋友。**
>
> 나는 이 꽃 한송이를 그녀에게 주고 싶다. **我想把这朵花送给她。**
>
> 너는 이일을 너의 동료에게 알려야 한다. **你应该把这件事告诉你的同事。**
>
> 컵을 컴퓨터 옆에 두지 마. **你别把杯子放在电脑旁边。**

✔ 확인 연습

① 내 친구는 지갑을 잃어버렸어요.

≫

② 그는 그 빵을 다 먹었어요.

≫

③ 그는 도시락을 가져오지 않았습니다.

≫

새 ▪ 단 ▪ 어

신분증 身份证 shēnfènzhèng ㅣ 가지고 오다 带来 dàilái ㅣ 상황 情况 qíngkuàng ㅣ 본문 课文 kèwén ㅣ 지갑 钱包 qiánbāo ㅣ 잃어버리다 丢 diū ㅣ 쓰레기 垃圾 lājī ㅣ (쓰레기를) 버리다 扔 rēng ㅣ 한국돈 韩币 hánbì ㅣ 달러 美元 měiyuán ㅣ 바꾸다 换 huàn ㅣ ～로 바꾸다 换成 huànchéng ㅣ 소포 包裹 bāoguǒ ㅣ 송이(꽃을 세는 양사) 朵 duǒ ㅣ 동료 同事 tóngshì

在一起

부사 '一起'가 동사 '在' 뒤에 쓰여 숙어의 형태로 쓰이며 '함께 있다'의 의미를 나타낸다. '在' 이외에 다른 동사 뒤에 출현하여 행위의 결과로 함께 있음을 표현할 수도 있다.

> **예** 저는 그들과 자주 함께 있습니다.　**我跟他们常常在一起。**
>
> 우리는 유학할 때 함께 살았습니다.　**我们留学的时候住在一起。**

比如

'예를 들면', '예컨대' 등의 의미를 나타내는 표현으로, 예를 제시할 때 사용한다. 입말에서는 '比如说'를 사용하기도 한다.

> **예** 요즘 인터넷 유행어가 많다. 예를 들면 인플루언서, 좋아요, 사차원 등이다.
>
> **最近有很多网络流行语，比如网红，点赞，奇葩等。**
>
> 저는 취미가 많습니다. 예를 들면, 수영, 영화 감상, 컴퓨터게임 등입니다.
>
> **我有很多爱好，比如说，游泳、看电影、玩电脑游戏等。**

(做)起来

주로 단음절 동사 뒤에 출현하여, 동사가 표현하는 동작 후의 평가 혹은 관점 등을 나타낸다.

> **예** 이런 일은 말하기는 쉽지만, 하기에는 어려워요.　**这样的事说起来容易，做起来难。**
>
> 이 게임은 놀기에 어렵지 않아, 너도 한번 해봐.　**这个游戏玩起来不难，你也试试。**

只要…就…

'~하기만 한다면, 곧 ~한다'는 의미로 충분조건을 제시할 때 쓰인다.

> **예** 열심히 공부하기만 하면, 쉽게 일을 구할 수 있다.　**只要努力学习，就能很容易地找到工作。**
>
> 비가 많이 오지만 않으면, 아이들은 밖으로 놀러 간다.　**只要不下大雨，孩子们就去外面玩。**

새 ⁚ 단 ⁚ 어

인터넷, 네트워크 网络 wǎngluò ｜ 유행어 流行语 liúxíngyǔ ｜ 인플루언서 网红 wǎnghóng ｜ 좋아요(좋아요 클릭) 点赞 diǎnzàn ｜ 사차원, 신박하다, 진기하다 奇葩 qípā ｜ 특성 特性 tèxìng ｜ 구분하다 区分 qūfēn

STEP 4 모범문

✓ STEP 1에서 직접 작문한 문장과 아래 모범문을 비교하면서 다시 써보세요.

> 上周末我跟朋友们聚在一起吃火锅。火锅是我们都非常喜欢的中国菜之一。除了我，朋友们也都特别喜欢。火锅做起来很容易，熬汤，然后把各种食材都洗干净准备好。食材多种多样，比如蔬菜、豆腐、肉、海鲜等。吃法也很简单，只要把这些食材放到汤里涮一涮，熟了就可以吃了。那天晚上我们都吃得特别饱，脸上带着满意的笑容回家了。

1 다음의 단어들을 어법 순서에 맞게 배열하세요.

1. 光 / 他 / 咖啡 / 两 / 了 / 把 / 杯 / 喝 / 那
   (그는 그 커피 두 잔을 남김없이 다 마셨다.)

   ➡ _____

2. 老师 / 我 / 桌子 / 在 / 作业 / 的 / 放 / 上 / 把
   (나는 숙제를 선생님의 책상에 놓았다.)

   ➡ _____

3. 把 / 这 / 给 / 书 / 朋友 / 些 / 我 / 送 / 想
   (나는 이 책들을 친구에게 주고 싶다.)

   ➡ _____

4. 护照 / 带 / 要 / 把 / 忘记 / 去 / 不 / 你们
   (너희들 여권 가져가는 것을 잊지 마.)

   ➡ _____

5. 他 / 了 / 你 / 给 / 那 / 照片 / 没有 / 把 / 张
   (너는 그 사진을 그에게 주었니?)

   ➡ _____

새 ☀ 단 ☀ 어
하나도 남아 있지 않다 光 guāng | 주다 送 sòng | 여권 护照 hùzhào | (지난 일을) 잊어버리다 忘记 wàngjì

2 다음 문장을 바르게 고쳐 쓰세요.

1. 那些碗他已经都洗了干净。
   (그 그릇은 그가 이미 다 깨끗이 씻었다.)

   ➡ _____

2. 有些同学把自己的雨伞没有带回去。
   (어떤 학우들은 자신의 우산을 가지고 돌아가지 않았다.)

   ➡ _____

3. 我朋友把那个导演拍的电影喜欢上了。
   (내 친구는 그 감독이 찍은 영화를 좋아하게 되었다.)

   ➡ _____

4. 我们公司把瑕疵货不会卖给客人。
   (우리 회사는 하자물건을 손님에게 팔지 않을 겁니다.)

   ➡ _____

5. 我爸爸昨天去汽车公司把一辆车买了。
   (제 아버지는 어제 자동차 회사에 가서 차를 한 대 샀습니다.)

   ➡ _____

새 ▪ 단 ▪ 어
그릇, 공기 등을 세는 양사 碗 wǎn | 감독 导演 dǎoyǎn | 하자, 흠, 결함 瑕疵 xiácī | 팔다, 판매하다 卖 mài | 손님 客人 kèrén

3 앞에서 배운 내용을 활용하여 다음 문장을 중작하세요.

1. 여러분 오늘 배운 새 단어를 공책에 쓰세요.

   ➡

2. 오늘 숙제는 본문을 한국어로 번역하는 것입니다.

   ➡

3. 막 산 차가 충돌해서 망가졌어요. 정말 재수가 없어요!

   ➡

4. 오늘 저녁에 큰 바람이 부니까 잠자기 전에 문을 닫는 것 잊지 말아요.

   ➡

5. 이 문제가 해결되기만 하면, 우리는 출국할 수 있다.

   ➡

6. 선생님 외에 학생들도 이 식당에서 밥 먹는 것을 좋아한다.

   ➡

7. 그 두 개를 함께 놓지 말아요. 이렇게 하면 위험합니다.

   ➡

8. 모두들 돌아갈 때 우산을 잘못 가져가지 마세요.

   ➡

참고
단어
부딪히다 撞 zhuàng | 재수없다 倒霉 dǎoméi | 해결하다 解决 jiějué | 위험하다 危险 wēixiǎn

4 다음의 토마토계란볶음의 조리 순서(西红柿炒鸡蛋烹饪方法)를 그림으로 보고 상황을 중작하여 표현한 후 이야기해 보세요.

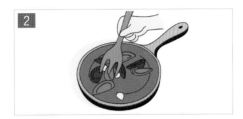

5 친구 혹은 가족과 함께 했던 식사에 대해 자유롭게 글로 써보자.

> 참고
> 단어

토마토계란볶음 西红柿炒鸡蛋 xīhóngshì chǎo jīdàn | 조리법 烹饪方法 pēngrèn fāngfǎ | 설탕 糖 táng | 소금 盐 yán | 볶다 炒 chǎo | 자르다 切 qiē | 담다 盛 chéng | 쟁반 盘子 pánzi 불고기 韩国烤肉 Hánguó kǎoròu | 삼계탕 参鸡汤 shēnjītāng | 비빔밥 拌饭 bànfàn | 떡볶이 辣炒年糕 làchǎo niángāo | 시다 酸 suān | 쓰다 苦 kǔ | 짜다 咸 xián | 맵다 辣 là | 달다 甜 tián | 삶다 煮 zhǔ | 찌다 蒸 zhēng

加油!

第九课

거리 구경
逛街

✏️ **학습 포인트**

- 주제 : 거리 구경하기
- 문법 : 단순방향보어 / 복합방향보어
- 표현 : 不管…，都(也)… / 等等 / 后来

📝 참고단어를 활용하여 다음 문장을 중작해보세요.

평일이든 주말이든 인사동은 많은 사람들이 오고 간다. 나와 **李莉**가 오전에 여기에 왔을 때, 이미 북적거리기 시작했다. 거리에는 골동품점, 화랑, 공예 기념품점 등등이 있었는데, 우리는 걸어가면서 한국의 전통문화를 감상하였고, 나도 모르게 휴대전화로 여기저기 찍기 시작했다. 그 다음 우리는 또 골목길 안으로 들어갔는데, 거기에서 여러 찻집을 봤다. 이런 찻집에서는 한국의 전통차를 마실 수 있다.

참고 단어

~든지 간에 **不管** bùguǎn | 평일 **平日** píngrì | 인사동 **仁寺洞** Rénsìdòng | 사람이 왕래하다, 오가다 **人来人往** rén lái rén wǎng | 북적거리다, 붐비다 **热闹** rènao | 골동품상 **古董商** gǔdǒngshāng | 갤러리 **画廊** huàláng | 기념품 **纪念品** jìniànpǐn | 감상하다 **欣赏** xīnshǎng | 전통 **传统** chuántǒng | 나도 모르게 **不知不觉地** bùzhī bùjué de | 골목 **巷子** xiàngzi

✏️ 직접 작문해보기!

不管是平日还是周末，

모범문은 **135P**에서 확인하세요~ ➡

STEP 2 문법 포인트

1 단순방향보어

⑴ 동사 뒤에 방향 혹은 이동을 나타내는 동사를 붙여 동작의 방향을 표현하는 것을 방향보어라고 한다. 방향보어는 1음절로 구성된 단순방향보어와 2음절로 구성된 복합방향보어로 나뉜다. 기본적인 단순방향보어로 '来', '去'가 있다.

> 예　그가 뛰어왔다.　他跑来了。［来: 말하는 사람에게 가까워지는 방향］
>
> 그가 뛰어갔다.　他跑去了。［去: 말하는 사람에게서 멀어지는 방향］

⑵ 위의 '来', '去' 외에도 '上', '下', '进', '出', '回', '过', '起', '开'가 단순방향보어에 속한다.

> 예　그 학생이 1등에 올랐다.　那个学生考上了第一名。［上: 아래에서 위로의 방향］
>
> 너는 가방을 내려 놓거라.　你把书包放下吧。［下: 위에서 아래로의 방향］
>
> 선생님께서 막 교실 안으로 들어가셨다.　老师刚才跑进了教室里。［进: 바깥에서 안으로의 방향］
>
> 그는 방금 문을 걸어 나섰다.　他刚刚走出门了。［出: 안에서 바깥으로의 방향］
>
> 책을 원래 위치에 놓으세요.　请把书放回原处。［回: 원래 위치했던 방향］
>
> 나는 강을 헤엄쳐 건널 수 없다.　我不能游过江。［过: 경로를 통과, 경과하는 방향］
>
> 동생이 1위안짜리 동전을 주워올렸다.　弟弟捡起了一块钱的硬币。［起: 낮은 곳에서 높은 곳으로의 방향］
>
> 이 소식이 널리 퍼졌다.　这个消息传开了。［开: 어떤 지점에서 멀어지는 방향］

⑶ 목적어가 출현할 때에는 다음의 자리에 위치한다.

1 목적어가 출현할 때, ⑵에 나와 있는 여덟 가지 방향보어는 반드시 방향보어 뒤에 목적어가 위치해야 한다.

> 예　그가 공원에 걸어 들어왔다.　他走进了公园。
>
> 그가 서랍에서 종이 한 장을 꺼냈다.　他从抽屉里拿出一张纸。

2 방향보어가 ⑴의 '来', '去'인 경우, 목적어가 장소를 표현하면 목적어는 동사와 방향보어 사이에 놓는다.

> 예　그가 공원으로 들어왔다.　他进公园来了。
>
> 그는 재빨리 아래층으로 내려갔다.　他很快就下楼去了。

3 목적어가 장소 이외의 것을 나타낸다면, 목적어는 방향보어 '来', '去' 앞과 뒤에 모두 나올 수 있다.

> 예 그가 선물을 하나 보내왔다. **他寄来了一份礼物。** / **他寄了一份礼物来。**

📎 ✓ **확인 연습**

① 그들이 돌아갔다.

  »

② 그 학생이 교실에서 나왔다.

  »

③ 앉으세요.

  »

새 ✄ 단 ✄ 어

일등 第一名 dìyīmíng ㅣ 강아지 小狗 xiǎogǒu ㅣ 제자리 原处 yuánchù ㅣ 줍다, 집어들다 捡 jiǎn ㅣ 동전 硬币 yìngbì ㅣ
서랍 抽屉 chōuti ㅣ 세트, 벌 (양사) 份 fèn

2 복합방향보어

(1) 복합방향보어는 단순방향보어 (2)에 나온 여덟 가지 방향보어에 '来', '去'를 더하여 구성하는데, 아래의 표와 같은 조합으로 쓸 수 있으며, 예외적으로 '起'와 '去'가 결합한 방향보어는 존재하지 않음을 기억해두자.

	上	下	进	出	回	过	开	起
来	上来	下来	进来	出来	回来	过来	开来	起来
去	上去	下去	进去	出去	回去	过去	开去	X

> 예 그가 뛰어 나왔다. 他跑出来了。
>   그가 뛰어 나갔다. 他跑出去了。

(2) 목적어의 위치는 단순방향보어와 마찬가지로, 목적어가 장소를 표현하는 경우 '来', '去'의 앞에 출현하고, 그렇지 않은 경우는 '来', '去'의 앞과 뒤에 모두 다 출현할 수 있다.

> 예 오늘 우리는 만리장성에 올라가서 볼 것이다. 今天我们爬上长城去看看。（○）/
>   今天我们爬上去长城看看。（✕）
>   그녀는 책가방을 사서 돌아왔다. 她买回来书包了。 / 她买回书包来了。

LEVEL UP ■ 이합사의 방향보어

이합사인 경우 동사와 목적어를 분리하여 동사 뒤에 방향보어를 붙인다. 대부분 '起来'와 결합하는데, 목적어는 '来' 앞에 온다.

• 그가 말을 다 하자, 학우들이 박수를 치기 시작했다. 他说完了，同学们就鼓起掌来。
• 나는 초등학교 친구를 만나 이야기를 나누니 아주 즐거웠다. 我碰到小学同学，聊起天来非常开心。

새×단×어

손뼉 치다 鼓掌 gǔzhǎng | 옮기다 调 diào | 능률, 효율 效率 xiàolǜ | 향상시키다 提高 tígāo | 벗다 脱 tuō | 계속해서
继续 jìxù | 비밀 秘密 mìmì | 새다, 누설하다 泄露 xièlòu | 깨다 醒 xǐng | 기절하다 晕 yūn

(3) 방향보어는 단순히 방향의 의미를 표현할 뿐만 아니라, 추상화된 의미를 표현하기도 한다. 이때는 각 방향보어마다 의미가 달라지므로, 아래 표를 확인하자.

上来 / 上去	낮은 수준이나 단위에서 높은 수준이나 단위로 올라감을 나타냄 예 그는 지방에서 승진하여 왔다. 他从地方调上来了。 저는 사무능률을 높이고 싶습니다. 我想把办事效率提高上去。
下来	사물이 분리나 이탈되는 것 또는 사물이 이전부터 계속 고정되어 머무름을 나타냄 예 그는 외투를 벗어서 아이에게 주었다. 他把大衣脱下来给孩子了。 나는 그의 전화번호를 기록하였다. 我把他的电话号码记下来了。
下去	지금의 행위나 상태가 앞으로 계속 진행 혹은 존재함을 나타냄 예 우리 계속 이야기하자. 我们继续谈下去吧。
出来	식별 혹은 생기거나 나타남을 의미 예 나는 이 말이 어디가 틀렸는지 찾아내지 못했다. 我没有找出来这句话错在哪里。 그는 새로운 방법을 생각해냈다. 他想出来新的办法了。
出去	노출됨 또는 공개됨을 나타냄 예 이 비밀이 새어 나가서는 안 된다. 这个秘密不能泄露出去。
过来	정상 상태로 되돌림 또는 되돌아옴 예 그는 이미 깨어났다. 他已经醒过来了。
过去	방향이 바뀜 또는 나쁘거나 비정상 상태로 변화를 나타냄 예 환자가 또 기절했다. 病人又晕过去了。
起来	동작 혹은 상황의 개시 또는 분산에서 집중을 나타냄, '~해보면'의 의미가 있음 예 그는 자신의 서류를 다 모았다. 他把自己的文件都收起来了。 아이가 갑자기 울기 시작했다. 孩子突然哭起来了。 이 게임은 해보면 아주 재미있다. 这个游戏做起来很有意思。

✔ 확인 연습

① 개 한 마리가 달려 들어왔다.

　》

② 많은 학생들이 일어섰다.

　》

③ 그가 책을 (원래 있던 곳으로) 들고 갔다.

　》

不管…, 都(也)…

'~하든지 간에 ~', '~을 막론하고 ~' 등의 의미를 나타낸다. '不管…' 절에서는 의문문 형태, 즉 의문대명사 의문문, 정반의문문, 선택의문문 등이 나오고, 뒷절에서는 '都' 혹은 '也' 등의 부사로 호응한다. '不管' 외에 '不论', '无论' 등도 쓸 수 있다.

> 예　내일 날씨가 어떻든지 간에 나는 등산하러 갈 것이다.　**不管**明天天气怎么样, 我**也**要去爬山。
> 그가 오든 안 오든 간에 나는 그를 위해 자리를 남겨놓을 것이다.　**不管**他来不来, 我**都**会帮他留位子。
> 아빠가 가든 엄마가 가든 우리는 따라가겠다.　**不管**爸爸去还是妈妈去, 我们**都**会跟着去。

 等等

열거를 할 때 쓰는 표현으로, 단음절 '等'만으로도 쓸 수 있다. 다만 '等'인 경우 열거한 내용의 상위범주와 함께 쓸 수 있지만 '等等'은 그렇게 쓸 수 없다. 또한 '等等'은 열거의 마지막에 쉼표를 이용하여 휴지를 둘 수 있지만, '等'은 그렇게 쓸 수 없다.

> 예　나는 베이징, 상하이, 시안 등의 도시를 다녀왔다.　我去过北京、上海、西安**等**城市。
> 너는 차, 커피, 주스 등의 마실 것을 준비해야 한다.　你要准备茶、咖啡、果汁**等**喝的。
> 그는 영화 관람, 컴퓨터, 농구, 노래 등을 좋아한다.
> 他很喜欢看电影、玩电脑、打篮球、唱歌, **等等**。

 后来

'그 후, 그 다음'의 의미를 표현하는데, 과거의 상황에서만 사용한다. 또한 '以后'와는 달리, 시점이나 시기를 나타내는 표현의 수식을 받지 못하고, 단독으로 쓰이거나 '的'와 결합하여 수식어로 쓰일 수 있다.

> 예　어릴 적에 우리는 제주에 살았는데, 그 후에 서울로 이사 왔다.
> 小时候我们住在济州, **后来**搬到首尔来了。
> 네 남자친구는 그 후의 상황이 어떨니?　你男朋友**后来**的情况怎么样了?
> 앞으로 너는 무슨 일을 하고 싶니?　**以后**你想做什么工作? [미래의 일을 나타냄]
> 집을 떠난 후에야 그래도 집이 좋다는 것을 알았다.　离开家**以后**才知道还是家里好。
> [집을 떠난 후라는 시점과 시기를 나타냄]

✅ STEP 1에서 직접 작문한 문장과 아래 모범문을 비교하면서 다시 써보세요.

不管是平日还是周末，仁寺洞都是人来人往的。我和李莉上午来到这儿的时候，已经热闹起来了。街上有古董店、画廊、工艺纪念品店等等，我们一边走一边欣赏韩国传统文化，不知不觉地开始用手机到处拍起照来。后来我们还走进小巷子里去，在那儿看见了几家茶店，在这样的茶店里能喝到韩国的传统茶。

1　다음의 단어들을 어법 순서에 맞게 배열하세요.

1. 二楼 / 慢慢地 / 来 / 上 / 他 / 走
   (그가 2층으로 천천히 걸어 올라온다.)

   ➡ _____

2. 拿 / 了 / 书 / 他 / 一 / 来 / 我 / 出 / 送 / 本 / 给
   (그가 책 한 권을 꺼내 나에게 주었습니다.)

   ➡ _____

3. 下 / 书 / 老师 / 来 / 了 / 把 / 放
   (선생님이 책을 내려 놓으셨습니다.)

   ➡ _____

4. 安静 / 那 / 来 / 教室 / 了 / 一刻 / 下
   (그 순간 교실은 조용해졌습니다.)

   ➡ _____

5. 去 / 把 / 打算 / 辆 / 出 / 车 / 我们 / 这 / 卖
   (저희는 이 차를 팔아버릴 작정입니다.)

   ➡ _____

새 ● 단 ● 어

층 楼 lóu | **잠시, 잠깐 一刻** yíkè

2 다음 문장을 바르게 고쳐 쓰세요.

1. 不管怎么样，你就得请来一位老师。
   (어떻든지 간에 너는 선생님 한 분을 모셔와야 해.)

   ➡ _____

2. 他每次都把女朋友送回去家。
   (그는 매일 여자친구를 집으로 바래다준다.)

   ➡ _____

3. 妈妈拍上了一个邻居丢垃圾的场面。
   (어머니는 어느 이웃이 쓰레기를 버리는 장면을 찍었다.)

   ➡ _____

4. 他拿着书进来图书馆了。
   (그가 책을 들고 도서관으로 들어왔다.)

   ➡ _____

5. 我马上就想起来一个办法。
   (나는 바로 한 가지 방법을 생각해냈습니다.)

   ➡ _____

새 ▪ 단 ▪ 어
~해야 한다 得 děi | 초청하다, 초빙하다 请 qǐng | 사진을 찍다 拍 pāi | 이웃 邻居 línjū | 버리다 丢 diū | 쓰레기 垃圾
lājī | 장면, 상황 场面 chǎngmiàn | 방법 办法 bànfǎ

3 앞에서 배운 내용을 활용하여 다음 문장을 중작하세요.

1. 중국 친구가 이메일을 보내왔습니다.

   ➡ _____

2. 우산 안 가지고 온 사람 손 들어 보세요.

   ➡ _____

3. 우리 반 친구가 기숙사로 돌아갔습니다.

   ➡ _____

4. 누가 참가하든지 간에 나는 그를 돕겠다.

   ➡ _____

5. 아버지가 나를 데리러 차를 몰고 오셨습니다.

   ➡ _____

6. 휴식을 취하니 절로 아이디어가 하나 떠올랐다.

   ➡ _____

7. 자동차가 우리 집 문 앞에 멈춰 섰다.

   ➡ _____

8. 오전에는 맑았는데, 오후부터 비가 오기 시작했다.

   ➡ _____

참고 단어	손 들다 **举手** jǔshǒu ｜ 아이디어 **主意** zhǔyi

4 다음 그림을 보고, 상황을 중작하여 표현한 후 이야기해 보세요.

1.

2.

5 자신이 가본 적이 있는 거리나 동네에 대해 글로 써보자.

참고
단어

명동 明洞 Míngdòng | 종로 钟路 Zhōnglù | 홍대 弘大 Hóngdà | 신촌 新村 Xīncūn | 남산 南山 Nánshān | 한강 汉江 Hànjiāng | 잠실 蚕室 Cánshì

加油!

第十课

언어 배우기
学语言

✏️ **학습 포인트**

- 주제 : 언어 교환, 학습 방법
- 문법 : 조동사② – 허가, 추측, 당위 / 가능보어
- 표현 : 对…有帮助 / 不算什么 / 连…都(也)…

참고단어를 활용하여 다음 문장을 중작해보세요.

언어 교환은 내가 중국어를 공부하는 데 큰 도움이 된다. 예전에는 만일 친구와 어떤 주제를 이야기하면, 단지 간단한 문장만 말할 수 있었고, 게다가 두세 마디 말을 하면 대화가 끊겨서 계속 진행을 할 수 없었다. 하지만 지금은 내가 연이어 몇 마디를 말할 수 있고, 화제 역시 계속 이어지며 막힘이 없다. 그런데 李莉와 비교하면 나는 아무것도 아니다. 李莉는 한국에 왔을 때 한국어를 한 마디도 못 했지만, 나와 언어 교환을 4,5개월 하고 나서 지금은 소통하는 데 어떤 문제도 없게 되었는데 정말 대단하다. 나도 더 열심히 공부해야겠다.

참고
단어

교환 交换 jiāohuàn | 돕다 帮助 bāngzhù | 주제 主题 zhǔtí | 간단하다 简单 jiǎndān | 대화 对话 duìhuà | 중단하다 中断 zhōngduàn | 연이어 一连 yìlián | 화제 话题 huàtí | 순조롭다 顺畅 shùnchàng | 소통하다 沟通 gōutōng | 대단하다 了不起 liǎobuqǐ

직접 작문해보기!

语言交换对我学汉语有很大的帮助。

모범문은 147P에서 확인하세요~

STEP 2 문법 포인트

1 조동사② – 허가, 추측, 당위

가능 혹은 능력, 바람을 표현하는 조동사 외에 허가, 추측, 당위 등을 표현하는 조동사가 있다.

조동사① – 5과 참조

■1 허가 [可以, 能]
'可以'와 '能'은 '허가(긍정일 때)'와 '불허(부정일 때)'의 의미를 표현한다.

> 예　너는 조금 늦게 와도 좋다.　你可以晚一点儿来。
> 　　너는 손을 씻고 난 후에 간식을 먹을 수 있다.　你洗手后才能吃点心。
> 　　여기서 담배를 피울 수 없다.　这儿不可以抽烟。

■2 추측 [会, 该]
'会'나 '该'는 '～일 것이다', '～할 것이다'라는 추측의 의미를 표현한다. '会'는 문미에 '的'가 나올 수 있으며, 이때는 확신이 강한 추측을 나타내게 된다. 또는 '可能', '也许'와 같이 불확실성을 표현하는 부사와 같이 출현하기도 한다.

> 예　내일 그가 돌아올 것이다.　明天他会回来。
> 　　나는 틀림없이 다시 올 것이다.　我一定会再来的。
> 　　그는 아마 정시에 도착하지 못 할 것이다.　他可能不会准时到。
> 　　수업이 끝났으니 아이가 돌아올 것이다.　下课了，孩子该回来了。

■3 당위 [应该(该), 得, 要]
'～해야 한다'는 당위의 의미를 지닌 조동사로는 '应该(该)', '得(děi)', '要' 등이 있다. '应该'는 구어체에서 '该'로 자주 사용된다.

> 예　그는 여기를 떠나야 한다.　他应该离开这儿。
> 　　해가 졌어. 우리 집에 가야 해.　太阳下山了，我们该回家了。
> 　　공사장에서는 안전에 주의해야 한다.　在工地得注意安全。
> 　　너는 옷을 좀 더 껴입어야 해.　你要多穿衣服。

새＊단＊어
흡연하다, 흡연 抽烟 chōuyān ｜ 정시에 准时 zhǔnshí ｜ 공사장 工地 gōngdì ｜ 이기다 赢 yíng

당위의 부정은 '~해서는 안 된다'는 불허, 금지의 의미와 '~할 필요가 없다'는 불필요의 의미를 전달한다. 불허, 금지는 '不应该(该)' 혹은 '不要'로 표현하고, 불필요의 의미는 '不必', '不用'으로 표현하며 '不得'라고 하지 않는 것을 알아두자.

> 예 너는 그 사람과 만나서는 안 된다. **你不应该**跟他见面。 [금지, 필요]
> 여기서 큰소리로 말하지 마라. **在这里不要**大声说话。 [불허, 금지]
> 우리는 선생님을 찾아뵐 필요가 없다. **我们不用 / 不必**去找老师。 [불필요]
> **我们不得去找老师。** (✕)

✔ 확인 연습

① 우리는 좀 일찍 출발해야 한다.

   ≫

② 우리가 틀림없이 이길 것이다.

   ≫

③ 이 문으로 들어갈 수 없습니다.

   ≫

2　가능보어

(1) 결과보어나 방향보어가 결합된 동사구에 '得(긍정형)' 혹은 '不(부정형)'를 부가하여 '~할 수 있다/없다'와 같은 가능과 능력을 표현하는 이러한 형태를 가능보어라고 한다. 형식은 다음과 같다.

> 형식　・동사 + 得/不 + 결과보어/방향보어

> 예 저는 이 책을 다 볼 수 없어요. **我看不完**这本书。
> 이미 문을 닫아서 들어갈 수 없습니다. **已经关门了，进不去。**
> 이 물건이 너무 비싸서 저는 살 수 없어요. **这个东西太贵了，我买不起。**

STEP 2 　문법 포인트

LEVEL UP　■ 가능보어의 긍정형

가능보어는 평서문에서는 대부분 부정형으로 쓰인다. 긍정형으로 쓰이는 경우는 다음 몇 가지이다.

① 의문문과 그것에 대한 대답이 긍정인 경우

- 찾을 수 있겠어요?　**你找得到吗?**
- 찾을 수 있습니다.　**我找得到。**

② 긍정 혹은 추측의 부사가 수식하는 경우

- 거기에서 틀림없이 그를 볼 수 있을 겁니다.　**你在那儿肯定见得到他。**
- 아마 당신도 들어갈 수 있을 겁니다.　**可能你也进得去。**

---

(2) 대부분의 결과보어와 방향보어는 가능보어로 전환이 가능하다. 그외로, 이미 고정된 형태의 가능보어도 있는데, 이런 가능보어는 가능과 능력의 의미 외에 특정 의미를 전달하기도 한다.

'了(liǎo)'가 사용되는 가능보어	예 그는 이렇게 많은 술을 마시지 못한다.　**他喝不了这么多酒。** 나는 그의 태도를 정말 참을 수 없다.　**我真受不了他的态度。**
긍정형은 '得', 부정형은 '不得'로 이루어진 가능보어	예 이런 종류의 버섯은 먹을 수 있고, 저런 종류는 독이 있어서 먹을 수 없습니다. **这种蘑菇吃得，那种有毒吃不得。** 내일 출국해야 하는데, 나는 떠나기 아쉽다. **明天要出国，我很舍不得离开。**
기타 고정형 가능보어 (이미 숙어 형태로 굳어짐)	예 그는 정말 대단하다.　**他真了不起。** 매우 죄송합니다.　**我很对不起你。**

(3) 긍정형 가능보어는 조동사 '能'과 함께 출현할 수도 있다. 조동사① – 가능, 능력의 能 – 5과 참조

　예 당신은 그것을 볼 수 있습니까?　**你能看得到它吗?**

　저는 틀림없이 그것을 찾을 수 있습니다.　**我一定能找得到它。**

LEVEL UP　■ 가능보어와 能의 차이

가능보어가 가능을 나타내지만 허가는 표현할 수 없다는 점에서 조동사 '能'과 차이를 보인다.

- 이 책은 고서라서 빌려 나갈 수 없습니다.　**这本书是古书，你不能借出去。 / 你借不出去。**(✕)[허가]
- 이 책은 분실되어서 지금 빌려 나갈 수 없습니다.　**这本书丢失了，现在借不出去。**[가능]

(4) '把'자문에서는 가능보어를 사용할 수 없다. `把'자문 – 8과 참조`

> 예   저는 이 몇 그릇의 밥을 다 먹을 수 있습니다.
>
> **我把这几碗饭都吃得下。**（✗）/ **我能吃得下这几碗饭。**（○）

(5) 연동문에서 첫 번째 동사 뒤에는 가능보어를 쓸 수 없다.

> 예   아이는 나가서 놀 수 없다.
>
> **孩子出不去玩。**（✗）/ **孩子不能出去玩。**（○）

(6) 가능보어 문장의 정반의문문은 긍정형과 부정형을 나란히 붙여 만든다.

> 예   숙제를 다 끝낼 수 있겠니?   **你做得完做不完作业?**
>
> 듣고 이해할 수 있니?   **你听得懂听不懂?**

✓ 확인 연습

① 글자가 작아서 분명하게 볼 수 없어요.

≫ _____

② 사람들이 많아서 우리는 앉을 수가 없다.

≫ _____

③ 나는 어떤 좋은 방법이 떠오르지 않아요.

≫ _____

새 ✕ 단 ✕ 어

태도 态度 tàidù ǀ 버섯 蘑菇 mógu ǀ 독 毒 dú ǀ 분실하다, 잃어버리다 丢失 diūshī

对…有帮助

'~에 도움이 된다'의 뜻으로, '有' 앞에는 '很' 등의 정도부사를 부가하거나, '帮助' 앞에 '很大' 등의 수식어를 부가할 수 있다. 부정은 '没'를 이용한다.

> 예　매일 아침 사과 하나를 먹는 것은 건강에 도움이 된다.　**每天早上吃一个苹果，对健康很有帮助。**
>
> 많이 듣고 많이 말하는 것이 언어를 배우는 데 아주 도움이 된다.
>
> **多听多说对学语言很有帮助。**
>
> 그의 쓸데없는 참견은 나에게 도움이 되지 않는다.　**他的多管闲事对我没有帮助。**

 不算什么

'별 거 아니다', '아무 것도 아니다'의 뜻으로, 이 때 '算'은 '~로 치다/삼다', '~인 셈치다' 등의 의미를 전달한다.

> 예　제 성공은 별 거 아닙니다.　**我的成功不算什么。**
>
> 이 계절에 생산되는 것은 좋은 것이라고 볼 수 없습니다.　**这个季节生产的不能算好东西。**

 连…都(也)…

'~조차도(~까지도) 다(역시) ~한다'의 뜻으로, '连' 뒤에는 명사구, 동사구, 전치사구 등 다양한 성분이 나올 수 있다.

> 예　이 행사는 한 사람도 참석하지 않았습니다.　**这个活动连一个人也没来参加。**
>
> 아버지는 한 푼도 저에게 주시지 않았습니다.　**爸爸连一分钱都没给我。**

새▪단▪어
필요 없는(쓸데없는) 참견을 하다 多管闲事 duōguǎn xiánshì ｜ 성공, 성공하다 成功 chénggōng ｜ 계절 季节 jìjié

STEP 1에서 직접 작문한 문장과 아래 모범문을 비교하면서 다시 써보세요.

语言交换对我学汉语有很大的帮助。以前如果我和朋友聊某个主题，只能说简单的句子，而且说两三句，对话就中断，进行不下去了。可现在我能一连说上几句话，话题也是一个接一个，很顺畅。不过，跟李莉比，我这不算什么，她来韩国的时候，连一句韩语都不会，但是跟我做语言交换做了四、五个月以后，现在沟通起来没有任何问题，真了不起。我也得更努力学习。

1 다음의 단어들을 어법 순서에 맞게 배열하세요.

1. 了 / 动 / 这 / 太 / 架 / 搬 / 不 / 钢琴 / 重
   (이 피아노는 너무 무거워서 옮길 수 없어요.)

   ➡ _____

2. 拍摄 / 在 / 个 / 可以 / 不 / 这 / 博物馆
   (이 박물관에서는 촬영을 하면 안 됩니다.)

   ➡ _____

3. 以前 / 来 / 晚上 / 回 / 12点 / 他 / 不
   (저녁 12시 이전에 그는 돌아올 수 없다.)

   ➡ _____

4. 应该 / 早上 / 老师 / 我 / 明天 / 见
   (저는 내일 오전에 선생님을 봬야 합니다.)

   ➡ _____

5. 不 / 我 / 的 / 这 / 秘密 / 说 / 是 / 能
   (이건 내가 말할 수 없는 비밀이야.)

   ➡ _____

새 ▪ 단 ▪ 어
피아노 钢琴 gāngqín ︱ **촬영하다 拍摄** pāishè ︱ **박물관 博物馆** bówùguǎn ︱ **비밀 秘密** mìmì

2 다음 문장을 바르게 고쳐 쓰세요.

1. 你打扰别人不应该。
   (당신은 다른 사람을 방해하면 안 됩니다.)

   ➡ _____

2. 我们该听不听这门课?
   (우리는 이 수업을 들어야 합니까?)

   ➡ _____

3. 连一块钱，也他没带来。
   (1위안조차도 그는 가지고 있지 않다.)

   ➡ _____

4. 他从图书馆把这本书借不出去。
   (그는 도서관에서 그 책을 빌려나갈 수 없다.)

   ➡ _____

5. 你们不得现在交作业。
   (너희들은 지금 숙제를 낼 필요가 없다.)

   ➡ _____

새 ✕ 단 ✕ 어
방해하다 打扰 dǎrǎo

3 앞에서 배운 내용을 활용하여 다음 문장을 중작하세요.

1. 이제 집에 가도 됩니다.

   ➡ _____

2. 여기서 음료수를 마시면 안 됩니다.

   ➡ _____

3. 친구들은 그가 경기에서 이길 거라고 믿습니다.

   ➡ _____

4. 우리 반의 문제는 반장 혼자 해결할 수 없는 것이다.

   ➡ _____

5. 이 백화점에서는 그 브랜드를 살 수 없어요.

   ➡ _____

6. 이 태풍은 별 거 아니에요. 작년 7월의 것은 아주 무섭게 불었어요.

   ➡ _____

7. 너 책을 이렇게 많이 빌렸는데 책가방에 다 들어갈 수 있겠니?

   ➡ _____

8. 요즘 너무 바빠서, 점심을 먹을 시간조차도 없습니다.

   ➡ _____

참고
단어　　해결하다 解决 jiějué ǀ 상표, 브랜드 品牌 pǐnpái ǀ 태풍 台风 táifēng ǀ 담다, 싣다 装 zhuāng

4 다음 그림을 보고, 상황을 중작하여 표현한 후 이야기해 보세요.

1.

2.

3.

4.

5 자신이 언어를 공부할 때의 노하우를 글로 써보자.

참고
단어

쫓다 追 zhuī | 버스 公交车 gōngjiāochē | 들다 抬 tái | 상자 箱子 xiāngzi
듣기 听 tīng | 말하기 说 shuō | 읽기 读 dú | 쓰기 写 xiě | 연속극 电视剧 diànshìjù | 스크린 屏幕
píngmù | 영화 电影 diànyǐng | 노래 歌曲 gēqǔ | 신문 报纸 bàozhǐ | 인터넷 网络 wǎngluò | 자막
字幕 zìmù | 친구 사귀기 交朋友 jiāo péngyou | 온라인 채팅 网上聊天 wǎngshàng liáotiān

第十一课

고민
苦恼

✏️ **학습 포인트**

· 주제 : 미래에 대한 고민

· 문법 : 겸어문 / 피동문

· 표현 : 即使…也(还)… / 越…越…

참고단어를 활용하여 다음 문장을 중작해보세요.

요즘 나는 한 가지 일로 고민 중이다. 부모님은 나에게 공무원 시험을 준비하게 하고 싶어하신다. 공무원이 되면 비록 수입이 많지는 않지만, 생활은 상대적으로 안정되기 때문이다. 하지만 나의 생각은 다르다. 평범한 일상생활에 구속되고 싶지 않다. 나는 설령 생활이 안정된다고 하더라도, 만일 일과 생활 속에 도전과 경쟁이 없으면 인생은 아마도 의미가 없을 것이라고 생각한다. 젊었을 때 고생할수록 성공의 기회가 더 많아진다고 생각한다. 나의 계획은 스스로 회사를 차리는 것이다. 당연히 창업은 쉽지 않고, 지금부터 열심히 준비해야 한다. 제일 어려운 일은 어떻게 부모님을 설득하는가이다.

참고단어

고민하다 苦恼 kǔnǎo ｜ 공무원 公务员 gōngwùyuán ｜ 소득 收入 shōurù ｜ 상대적이다 相对 xiāngduì ｜ 안정되다 稳定 wěndìng ｜ 평범하다 平凡 píngfán ｜ 묶다, 속박하다 束缚 shùfù ｜ 도전 挑战 tiǎozhàn ｜ 경쟁 竞争 jìngzhēng ｜ 고생을 하다 受苦 shòukǔ ｜ 창업하다 创业 chuàngyè ｜ 설득하다 说服 shuōfú

✏️ 직접 작문해보기!

最近有一件事让我很苦恼。

모범문은 **159P**에서 확인하세요~ ➤

STEP 2 문법 포인트

1 겸어문

> **형식**
> ・명사1 + 동사1 + 명사2 + 동사2
> (목적어와 주어 = 겸어)

⑴ 위의 형식에서 명사2는 동사1의 목적어일뿐만 아니라 동사2의 주어이기도 하다. 두 가지 문장성분(목적어, 주어)을 동시에 담당하는 명사구(겸어)가 포함되었기 때문에 이러한 형식을 겸어문이라고 한다.

> **예**　선생님이 학생을 들어오게 했다.　**老师叫学生进来。**
> 　　　우리는 그를 천재라고 부른다.　**我们称他为天才。**

⑵ 동사1 위치에 사용할 수 있는 동사로는 다음의 세 가지 부류가 있다.

1 '让', '叫', '使', '请', '命令' 등의 사역동사: 이 중 '使'는 주로 서면에 쓰이며, '시키다'의 의미보다 '~하게 하다'의 동작성 의미를 전달한다.

> **예**　이 결과가 나를 실망시켰다.　**这个结果让我感到失望。**
> 　　　그들의 지원활동은 나를 감동시켰다.　**他们的救援活动使我佩服。**
> 　　　우리는 전문가에게 이 현상의 해석을 청했다.　**我们请专家解释这个现象。**
> 　　　코치는 선수들에게 운동장을 열 바퀴 뛰라고 지시했다.　**教练命令球员绕球场跑十圈。**

2 호칭, 선택 등의 의미를 나타내는 '叫', '称', '选': 이때는 동사2에 보통 '为', '当' 등이 쓰인다.

> **예**　많은 사람들이 그를 만물박사라고 부른다.　**很多人称他为万物博士。**
> 　　　마을 사람들이 그를 제10대 촌장으로 선출했다.　**村民选他为第十任村长。**

3 존재를 나타내는 '有': 이때 주어 위치에는 보통 장소를 표현하는 명사구가 출현하며, 겸어에는 불특정한 사람 혹은 사물이 출현한다.

> **예**　우리 반의 학생 한 명이 전국우수상을 받았다.　**我们班有一个同学得了全国优秀奖。**

새 ✹ 단 ✹ 어

실망하다 **失望** shīwàng ｜ 구조하다, 지원하다 **救援** jiùyuán ｜ 감동하다 **佩服** pèifú ｜ 전문가 **专家** zhuānjiā ｜ 설명하다 **解释** jiěshì ｜ 코치 **教练** jiàoliàn ｜ 돌다, 선회하다 **绕** rào ｜ 모든 것, 만물 **万物** wànwù ｜ 우수상 **优秀奖** yōuxiùjiǎng

(3) 일반적으로 동사1 뒤에는 '了', '着', '过'와 같은 동태조사가 올 수 없다. 다만 일부 동사의 경우 동태조사와 함께 출현할 수 있다.

> 예　엄마가 동생에게 과일을 사오게 했다.　妈妈让弟弟买来水果(了)。(○) /
> 　　　　　　　　　　　　　　　　　　　　妈妈让了弟弟买来水果。(✕)
>
> 아빠가 나에게 아르바이트를 하게 한 적이 있다.
> 爸爸叫我打过工。(○) / 爸爸叫过我打工。(✕)
>
> 상부에서 두 사람을 파견해서 조사하게 하였다.　上级派了两个人去调查。
>
> 학교에서는 중국 선생님 세 분을 모셔서 중국어를 가르치게 했다.　学校请了三位中国老师教中文。

(4) 조동사는 일반적으로 동사1 앞에 놓는다.

> 예　이 일은 그녀를 슬프게 할 것이다.　这件事会让她很难过。
>
> 사장은 그를 지방에 파견하여 일하게 하려고 한다.　总经理要派他去地方工作。

(5) 겸어문에서의 부정은 동사1 앞에 '不'나 '没'를 넣어 표현하고, 의문문은 문장 맨 뒤에 '吗'를 넣거나 동사1을 반복시켜 정반의문문을 만들어 표현한다.

> 예　엄마는 나에게 외국으로 여행 가지 말라고 하셨다.　妈妈不让我去外国旅游。
>
> 엄마가 네게 외국으로 여행 가지 말하고 하셨니?　妈妈让不让你去外国旅游?
>
> 엄마가 네게 외국으로 여행 가라고 하셨니?　妈妈让你去外国旅游吗?

✓ 확인 연습

① 아빠가 아이에게 밖에 나가 놀게 했다.

≫

② 공원에서 어떤 학생이 노래를 부르고 있다.

≫

③ 이 일로 인해 그는 기뻤다.

≫

새 ▪ 단 ▪ 어

상급, 상부 上级 shàngjí ｜ 조사, 조사하다 调查 diàochá ｜ 괴롭다, 슬프다 难过 nánguò

문법 포인트

2 피동문

> 형식
> • 형식1: 동작 행위를 받는 대상 + [被 + 동작 행위의 주체] + 동사 + 기타성분
> • 형식2: 동작 행위를 받는 대상 + [被] + 동사 + 기타성분

(1) 피동의 의미는 '被'를 사용하여 위와 같이 두 가지 형식으로 표현한다. 동작 행위의 주체가 일반적인 사람들이거나 주체를 말할 필요가 없을 때 형식2처럼 생략하여 쓸 수 있다.

> **예** 유리창이 그에 의해 깨졌다.　**玻璃窗被他打碎了。**
>
> 유리창이 깨졌다.　**玻璃窗被打碎了。**

(2) 모든 문장을 피동문으로 바꿀 수 있는 것은 아니고, 일반적으로 주어가 유쾌하지 않은 일을 당했을 때 피동문을 사용한다. '被'의 목적어를 말하고 싶지 않을 경우, 생략할 수도 있다.

> **예** 나는 그에게 차였다.　**我被他甩了。**　(나는 차였다.　**我被甩了。**)
>
> 나는 그에게 들켰다.　**我被他发现了。**(나는 들켰다.　**我被发现了。**)
>
> 나는 그에게 바람맞았다.　**我被他放鸽子了。**(나는 바람맞았다.　**我被放鸽子了。**)
>
> 내 일기장을 엄마가 봤다.　**我的日记被妈妈看见了。**
>
> 그는 학교에서 제적당했다.　**他被学校开除了。**
>
> 그는 사장에게 해고당했다.　**他被老板炒鱿鱼了。**
>
> 그는 경찰에게 잡혔다.　**他被警察抓住了。**

(3) '~에 당선되다, ~에 선출되다'의 표현으로도 쓰인다.

> **예** 내 친구는 반장으로 선출되었다.　**我朋友被选为班长。**
>
> 그는 대통령에 당선되었다.　**他被选为总统。**

새×단×어

차다, 내치다, 떼어놓다 甩 shuǎi | 발견하다 发现 fāxiàn | 바람맞히다 放鸽子 fàng gēzi (비둘기 鸽子 gēzi) | 해고하다, 제적하다 开除 kāichú | 해고하다 炒鱿鱼 chǎo yóuyú (오징어 鱿鱼 yóuyú) | 경찰 警察 jǐngchá | 붙잡다, 체포하다 抓住 zhuāzhu | ~를 …에 선출하다 选~为… xuǎn~wéi… | 반장 班长 bānzhǎng

(4) 주어는 반드시 특정한 사람 혹은 사물이어야 한다.

> 예　운전자가 벌금을 물렸다.　司机被罚款了。（○）/ 一个司机被罚款了。（╳）

(5) 행위동사 외에, '看见', '感觉', '知道', '认识' 등과 같은 심리활동을 나타내는 동사도 쓸 수 있다. 그러나 '是', '有', '在', '属于' 등과 같은 동사는 피동문에 쓸 수 없다.

> 예　내 비밀을 그가 알게 되었다.　我的秘密被他知道了。
>
> 그의 행위가 많은 사람에게 목격되었다.　他的行为被很多人看见了。

(6) 조동사와 부사는 '被'의 앞에 놓는다. 부정부사도 '被' 앞에 놓이므로 피동문의 부정 형식은 '被' 앞에 '不'나 '没(有)'를 넣어 표현한다.

> 예　제 짐은 검사 당하지 않았습니다.　我的行李没有被检查。
>
> 진상은 아마도 기자에 의해 폭로될 것이다.　真相也许会被记者揭露出来。
>
> 내가 아끼는 옷을 여동생이 자주 입고 가버린다.　我珍惜的衣服常常被妹妹穿走。

✔ 확인 연습

① 내 동생이 아빠에게 혼났다.

　》

② 그는 지갑을 도둑맞았다.

　》

③ 내 의견이 받아들여지지 않았다.

　》

새　단　어

진실, 진상 真相 zhēnxiàng ｜ 폭로하다 揭露 jiēlù ｜ 꾸짖다, 나무라다 说 shuō ｜ 받아들이다, 수락하다 采纳 cǎinà

표현 포인트

 即使…也(还)…

'설령 ~할지라도(~일지라도/~하더라도), ~'와 같이 양보의 의미를 전달하는 문형으로, 가설적인 경우를 상정할 때 쓰인다.

예 설령 내가 가도, 그는 나오지 않을 것이다.　即使我去，他也不会出来。

설령 길이 복잡해도, 나는 그 곳을 찾을 수 있다.　即使路很复杂，我也能找到那个地方。

 越…越…

'~할수록(~일수록), ~하다'의 의미를 나타내는 문형으로, 상황이 발전하면서 정도도 함께 가중되는 것을 의미한다. 주어가 동일할 수도 있고 다를 수도 있다. '越来越(점점 ~한다)'와 같이 형태가 이미 고정되어 숙어로 사용되기도 한다.

예 과일은 클수록 맛이 있다.　水果越大越好吃。

네가 그녀에게 잘해줄수록, 그녀는 아마 너를 더 상대하지 않을 거야.

你越对她好，她可能越不理你。

날이 점점 추워진다.　天越来越冷了。

새 · 단 · 어
복잡하다 复杂 fùzá ｜ 상대하다, 아랑곳하다 理 lǐ

✅ STEP 1에서 직접 작문한 문장과 아래 모범문을 비교하면서 다시 써보세요.

最近有一件事让我很苦恼。我父母想让我准备公务员考试，因为当公务员虽然收入不多，但是生活相对稳定。可是我的想法不一样，我不想被平凡的日常生活束缚住。我认为即使生活稳定，但如果工作和生活中没有挑战和竞争，人生可能也不会有意义。我认为年轻时越受苦，成功的机会就越多。我的计划是自己开个公司。当然创业不容易，要从现在开始准备。最难的是：怎么说服父母？

STEP 5 · 중작 연습

1 다음의 단어들을 어법 순서에 맞게 배열하세요.

1. 人 / 地震 / 很 / 感到 / 让 / 多 / 这次 / 恐怖
   (이번 지진으로 인해 많은 사람들이 공포를 느꼈다.)

   ➡ _____

2. 明天 / 也 / 拍照 / 雨 / 去 / 即使 / 我 / 下 / 外面
   (내일 비가 오더라도 나는 밖에 나가서 사진을 찍겠다.)

   ➡ _____

3. 被 / 案件 / 这 / 发现 / 了 / 早就 / 警察
   (이 사건은 일찍 경찰에 발각되었다.)

   ➡ _____

4. 越 / 越 / 了 / 生活 / 这里 / 的 / 过 / 好
   (여기서의 생활은 지낼수록 좋아집니다.)

   ➡ _____

5. 叫 / 三遍 / 老师 / 念 / 学生 / 课文
   (선생님은 학생들에게 본문을 3번 읽게 했습니다.)

   ➡ _____

새×단×어

지진 地震 dìzhèn | 공포 恐怖 kǒngbù | 사건, 사안 案件 ànjiàn | 벌써, 오래전에 무就 zǎojiù | 경찰 警察 jǐngchá | (소리내어) 읽다 念 niàn

2 다음 문장을 바르게 고쳐 쓰세요.

1. 昨天爸爸叫了儿子早点儿睡觉。
   (어제 아빠가 아들을 일찍 자게 했다.)

   ➡ _____

2. 一个小偷刚才被警察抓走了。
   (어떤 도둑이 방금 경찰에 붙잡혀갔다.)

   ➡ _____

3. 即使试题很难，我就会尽最大的努力。
   (설령 시험문제가 어려워도, 나는 최대의 노력을 다할 것이다.)

   ➡ _____

4. 自行车不锁就被小偷可能偷走。
   (자전거를 잠궈두지 않으면 아마 도둑에게 도난당할 것이다.)

   ➡ _____

5. 那位老师让学生能发挥自己的能力。
   (그 선생님은 학생이 자신의 능력을 발휘할 수 있게 하신다.)

   ➡ _____

새 ╳ 단 ╳ 어
도둑 小偷 xiǎotōu ┃ 잡다 抓 zhuā ┃ 시험문제 试题 shìtí ┃ 자물쇠, (자물쇠를) 잠그다 锁 suǒ ┃ 발휘하다 发挥 fāhuī

3 앞에서 배운 내용을 활용하여 다음 문장을 중작하세요.

1. 의사가 그를 집에 머물면서 며칠 푹 쉬게 했다.

   ➡ _____

2. 우리 반에는 박물관을 방문하고 싶어하는 친구가 없다.

   ➡ _____

3. 아빠가 치킨을 사오셨는데, 이것으로 아이가 너무 기뻐했다.

   ➡ _____

4. 설령 내가 경기에 진다해도 실망하지 않을 것이다.

   ➡ _____

5. 당신이 여기서 오래 살수록 이 도시를 좋아하게 될 겁니다.

   ➡ _____

6. 그 소설은 매우 인기가 있어서 도서관에 있는 것은 이미 빌려 갔다.

   ➡ _____

7. 내가 새로 산 노트북컴퓨터가 내 동생에 의해 망가졌다.

   ➡ _____

8. 그가 줄곧 노력하여 중국어는 점점 더 유창해지고 있습니다.

   ➡ _____

참고
단어   머무르다 **呆** dāi | 치킨, 통닭 **炸鸡** zhájī

4 다음 그림을 보고, 상황을 중작하여 표현한 후 이야기해 보세요.

1.

2.

5 자기소개의 글을 자유롭게 써보세요.

➡

참고
단어

불다 吹 chuī ㅣ 더듬다 摸 mō ㅣ 뒷주머니 后口袋 hòukǒudài

주동적이다 主动 zhǔdòng ㅣ 정직하다 正直 zhèngzhí ㅣ 효율적이다 有效率 yǒu xiàolǜ ㅣ 겸손하다

谦虚 qiānxū ㅣ 강한 坚强 jiānqiáng ㅣ 창의력 创造力 chuàngzàolì ㅣ 책임감 责任感 zérèngǎn ㅣ

협력 合作 hézuò ㅣ 진취적인 기상 进取心 jìnqǔxīn ㅣ 혁신 创新 chuàngxīn ㅣ 사이좋게 지내다 相处

xiāngchǔ ㅣ 쾌활하다 开朗 kāilǎng ㅣ 근면하다 勤奋 qínfèn

복습 2

중국어의
특수구문

✏️ 정리 포인트

- 把자문: 주어 + [把 + 목적어] + 서술어

- 被자문: 주어 + [被 + 명사] + 동사

- 겸어문: 주어 + 让, 请, 使, 叫 등의 동사 + 절(주어+동사)

- 有연동문: 주어 + 有(没有) + 명사 + 명사를 수식하는 성분

加油!

복습 1과에서는 중국어의 기본 어순을 알아보았다. 이제 복습 2과에서는 중국어 어순에서 보면 예외사항에 속하지만 중국어를 구사하면서 꼭 알아야 할, 활용도가 높고 중요한 특수구문에 대해서 알아보자.

1 │ 把자문: 주어 + [把 + 목적어] + 서술어   把자문 – 8과 참조

목적어를 서술어 앞으로 보내고 싶을 때는 '把'를 붙인다. 일반적으로 '把'를 사용할 때에는 그 목적어에 대해서 말을 하고 싶을 때이다. 즉, '주어 + [把 + 목적어] + 怎么样'에 관한 문형이고, 주어가 목적어를 어떻게 했는지를 말할 때 사용한다.

예   너 숙제 했니?   **你做作业了吗?**

(→ 엄마가 외출했다가 귀가한 후 별 뜻 없이 물을 때)

너 (그) 숙제 다 했어?   **你把作业做完了吗?**

(→ 엄마가 외출하기 전에 숙제를 하라고 한 뒤, 돌아와서 그 숙제에 대해서 어떻게 했냐고 물을 때)

1 '把'자문은 목적어에 대해서 말하는 문형이다. 그러므로, '把'자문의 목적어는 화자와 청자가 모두 알고 있는 특정한 목적어여야 한다. 즉, 임의성을 나타내는 수량사가 있는 목적어는 쓸 수 없다.

예   나는 (그) 레포트 다 썼다.   **我把报告写完了。** (○)

나는 그 레포트 다 썼다.   **我把那个报告写完了。** (○)

나는 레포트 하나를 다 썼다.   **我把一份报告写完了。** (✕) / **我写完了一份报告。** (○)

2 '把'자문은 '처리문'이라고도 하는데, 주어가 목적어를 어떻게 처리했는지를 말하는 것이다. 그러므로 서술어에는 처리하는 동작과 처리된 결과가 모두 나와야 한다. 이때 목적어의 처리는 동사가 하지만, 처리된 결과는 기타성분으로 나타낸다. 즉, '把'자문에서는 동사가 단독으로 나오지 못하고, 항상 뒤에 기타성분들을 수반한다. 이때 기타성분은 '着', '了', '得', 동사 중첩, 'ㅡ下', 방향보어, 결과보어, 수량/시량목적어 등이다. 단, '过'와 가능보어는 나올 수 없다.

예   나는 손을 깨끗하게 씻었다.   **我把手洗得很干净。** [정태보어 '得']

신분증을 가지고 있어.   **把身份证带着。** [동태조사 '着']

네 방 정리 좀 해.   **把你的房间整理整理。** / **把你的房间整理一下。**

            [동사 중첩 / 'ㅡ下']

나는 달러를 인민폐로 바꿨다.   **我把美元换成人民币。** [결과보어 '成']

운전면허증 가지고 왔니?   **你把驾照带来了吗?** [방향보어 '来']

나는 이 책을 두 번 읽었다.   **我把这本书看了两遍。** [동량보어 '两遍']

3 기타성분 없이도 쓸 수 있는 동사들이 있는데, '丢', '扔', '告诉' 등과 같이 동사 자체가 소실을 의미하거나 동사 자체에 종결성이 있는 동사일 때는 기타성분을 쓰지 않는다. 다만 시제가 과거일 때 '了'는 붙일 수 있다.

> 예 지갑을 잃어버렸다. 我把钱包**丢**了。
>
> 쓰레기 버렸니? 把垃圾**扔**了吗?
>
> 나는 그 일을 그에게 알려주었다. 我把那个事情<u>告诉</u>他了。 TIP

> TIP 동사의 종결성
>
> 동사 자체에 종결성이 있는 '**告诉**(알려주다)'는 기타성분이 필요 없지만, 동사 자체에 종결성이 없는 '**说**(말하다)'는 기타성분을 써주어야 한다.
>
> • 너 말 다했니? 你把话**说完**了吗?

4 경우에 따라서 '把'자문을 써도 되고 안 써도 되는 상황이 대부분이지만, 반드시 '把'자문을 써야 하는 문형들이 있다. 종착이나 결과를 나타내는 결과보어가 나올 때는 목적어를 항상 '把'자문으로 처리해야 한다. 이때 결과보어 뒤에 나오는 성분은 동사의 종착장소나 결과성분이 된다. 다음의 사항을 알아두자.

	[주어 + 把 + 목적어 + 동사 + 결과보어(到/在/成/做/给)]
到	把…送到 + 장소: ~를 (장소)에 데려다주다, 배달하다 ┃ 把…寄到 + 장소: ~를 (장소)로 부치다 ┃ 把…运到 + 장소: ~를 (장소)로 (배로) 운반하다 ┃ 把…搬到 + 장소: ~를 (장소)로 옮기다 예 이것을 저희 집까지 배달해주실 수 있어요? 你可以把这个**送到**我家吗? (○) / 你可以送到我家这个吗? (✕)
在	把…放在 + 장소: ~를 (장소)에 두다 ┃ 把…写在 + 장소: ~를 (장소)에 쓰다 ┃ 把…停在 + 장소: ~를 (장소)에 세우다 예 너 열쇠 어디에 두었어? 你把钥匙**放在**哪儿了? (○) / 你放在哪儿钥匙了? (✕)
成	把…换成A: ~를 A로 바꾸다 ┃ 把…做成A: ~를 A로 만들다 ┃ 把…翻译成A: ~를 A로 번역하다 예 중국어를 영어로 번역해라. 把汉语**翻译成**英语。 (○) / 翻译成英语汉语。 (✕)
做	把…当做A: ~를 A로 삼다 ┃ 把…叫做A: ~를 A로 부르다 ┃ 把…看做A: ~를 A로 간주하다 예 너는 나를 누구로 보는 거야? 你把我**当做**谁? (○) / 你当做我谁? (✕)

给	把…交给＋사람: ~를 (사람)에게 건네다 ｜ 把…提交给＋사람: ~를 (사람)에게 제출하다 ｜ 把…送给＋사람: ~를 (사람)에게 선물로 주다 ｜ 把…递给＋사람: ~를 (사람)에게 건네주다 ｜ 把…借给＋사람: ~를 (사람)에게 빌려주다 ｜ 把…还给＋사람: ~를 (사람)에게 돌려주다 ｜ 把…寄给＋사람: ~를 (사람)에게 부쳐주다

예 나는 숙제를 선생님께 건넸다.
　　我把作业交给老师了。(○) / 我交给老师作业了。(✕)

5 '把'는 전치사에 속한다. 그러므로 부사, 조동사는 '把' 앞에 위치한다.

예 나는 숙제를 선생님께 건네지 않았다.　我没把作业交给老师。

　　나는 이미 아이를 학교에 데려다 주었다.　我已经把孩子送到学校了。

2　被자문: 주어＋[被＋명사]＋동사 　피동문 – 11과 참조

중국어의 피동문은 제한된 상황에서 쓰인다. '被'자문은 일반적으로 ① 주어가 불유쾌한 상황을 당했을 경우와 ② '~에 선출되다'라는 경우에 사용한다.

1 주어가 불유쾌한 상황을 나타내는 경우:

예 나는 그에게 들켰다.　我被他发现了。

　　내 일기를 엄마가 봤다(내 일기는 엄마에게 보여졌다).　我的日记被妈妈看见了。

　　나는 회사에서 잘렸다.　我被公司炒鱿鱼了。

　　나는 학교에서 제적을 당했다.　我被学校开除了。

　　그 소매치기가 경찰에 잡혔다.　那小偷被警察抓住了。

　　나는 그에게 차였다.　我被他甩了。

　　나는 그에게 바람 맞았다.　我被他放鸽子了。

새 ▪ 단 ▪ 어
해고하다 炒鱿鱼 chǎo yóuyú ｜ 제명하다 开除 kāichú ｜ (손으로) 잡다 抓住 zhuāzhù ｜ (연인관계에서) 차다 甩 shuǎi ｜
바람을 맞히다 放鸽子 fàng gēzi

문법 정리

2 '주어가 ~에 선출되었다'는 의미를 나타내는 경우:

> 예   그는 반장으로 당선되었다.   **他被选为班长了。**
>
>   그는 대통령에 당선되었다.   **他被选为总统了。**

3 주어와 '被' 뒤에 나오는 명사성 성분에 수량사는 나올 수 없다. 중국어의 수량사는 임의의 성분을 나타내는데, '被' 뒤에는 특정한 성분만 나와야 하므로 임의의 성분을 나타내는 수량사가 나올 수 없는 것이다.

> 예   **我被一个警察发现了。**（✕）
>
>   **我被很多人甩了。**（✕）
>
>   **一个人被警察抓住了。**（✕）

> ▷TIP〉 일반적으로 중국어의 동사 앞에 나오는 명사성 성분은 특정한 것이어야 하며 임의의 성분이 나올 수 없다. 그래서 주어라 하더라도 특정한 성분이 아닌 임의의 성분은 동사 뒤에 나오는 것이다. 동사 뒤에 나오는 목적어가 동사 앞으로 이동하려면 목적어가 특정한 성분이어야 한다. 특정한 성분은 지시사를 수반하든지 일반목적어를 사용한다. 이때 일반목적어는 화자와 청자가 모두 아는 대상이다.
>
> • 나는 책 한 권을 봤다.   **我看了一本书。**
> • 나는 그 책을 다 봤다.   **我把(那本)书看完了。**
> • 그 책은, 나는 다 봤다.   **(那本)书，我看完了。**
> • 우리가 한 말을 누가 들었다.   **我们说的话被人听见了。**（○）／
>   **我们说的话被一个人听见了。**（✕）

4 '被'는 전치사이므로 부사와 조동사는 그 앞에 위치한다.

> 예   그 일은 이미 선생님이 알게 되었다.   **那件事已经被老师知道了。**
>
>   너는 그에게 들킬 거야.   **你会被他发现。**

5 '把'와 다르게 '被'의 목적어는 생략될 수 있다.

> 예   그는 당선되지 못했다.   **他没被选上。**
>
>   나는 차였다.   **我被甩了。**

3 겸어문: 주어 + 让/请/使/叫 등의 동사 + 절(주어 + 동사) 겸어문 – 11과 참조

我请你吃饭。

'你'는 '请'의 목적어   '你'는 '吃饭'의 주어

위의 문장에서 '你'는 앞 문장의 목적어와 뒷 문장의 주어라는 문장성분을 겸하고 있는 겸어이다.
이러한 문장을 겸어문이라고 한다.

(1) 让

　1 '～에게 ～을 시키다'의 의미이다.

　　예   엄마는 내게 일찍 집에 오라고 했다. **妈妈让我早点回家。**

　　　　선생님이 내게 리포트를 제출하라고 했다. **老师让我提交报告。**

　　　　걔 전화 좀 받으라고 해. **让他接电话吧。**

　　　　생각 좀 해볼게요(저로 하여금 생각 좀 하게 하세요). **让我想一想。**

　2 일반적으로 부정은 '让' 앞에 쓴다.

　　예   왜 저들은 지나가게 하고, 나는 못 지나가게 하나요? **为什么让他们过去，不让我过去呢?**

　　　　엄마는 나를 집에 혼자 있게 하지 않으려 한다. **妈妈不要让我一个人在家。**

　　　　그는 나를 술을 못 마시게 한다. **他不让我喝酒。**

(2) 叫

　1 '让'과 같이 '～에게 ～을 시키다'의 의미이다.

　　예   선생님이 너보고 오래. **老师叫你过来。**

　　　　그가 나더러 가서 너를 도우라고 했다. **他叫我去帮你。**

　2 일반적으로 부정은 '叫' 뒤에 쓴다.

　　예   그는 내가 술을 못 마시게 한다. **他叫我不要喝酒。**

　　　　선생님이 너 오지 말래. **老师叫你不要过来。**

(3) 请

1 '∼에게 대접하다, 청하다, 부탁하다'의 의미이다.

> 예   선생님 좀 바꿔줘.   请老师接电话。
>
>   내가 커피 사줄게.   **我请你喝咖啡。**
>
>   제가 밥 사드려도 돼요?   **我可以请你吃饭吗?**

2 부정은 주로 '请' 앞에 온다.

> 예   그에게 술 사주지 마.   <u>别</u>请他喝酒。
>
>   미안해, 오늘 너에게 밥을 살 수가 없어.   **对不起，今天<u>不能</u>请你吃饭。**

(4) 기타: 要(求)/命令/派

要(求) ∼하길 원하다	예 너는 내가 다운로드 해주길 원하니? **你要我帮你下载吗?** 엄마는 내가 열심히 공부하길 바란다. **妈妈要我好好儿学习。**
命令 ∼를 명령하다	예 그는 내게 이곳을 떠나라고 명령하였다. **他命令我离开这儿。** 그는 우리더러 이곳에서 기다리라고 명령하였다. **他命令我们在这儿等着。**
派 ∼를 ∼에 보내다	예 회사는 그를 중국으로 일하러 보냈다. **公司派他去中国工作。** 하느님이 널 나를 사랑하라고 보냈다. **上天派你来爱我。**

4   有연동문: 주어 + 有(没有) + 명사 + 명사를 수식하는 성분

일반적으로 '有'연동문이라고도 하는데, 우리말의 '∼할 ∼가 있다(없다)'를 중작할 때 사용하는 문형이다. 중요한 것은 '有' 뒤에 나오는 명사를 수식하는 성분이 명사 뒤에 온다는 것이다. 수식하는 성분은 대부분 동사나 구이다.

> 예   앉을 자리가 있습니까?   **有座位可以坐吗?**
>
>   나는 집을 살 만한 돈이 없다.   **我没有钱可以买房子。**

작문할 때 틀리기 쉬운 문법 현상

작문 부록 grammar bonus

앞의 1~11과와 복습 1,2에서 중국어 작문 시 가장 중요하게 다뤘거나 한국어로 작문할 때에 꼭 알아두어야 할 작문 및 문법 포인트를 가지고 공부해보았다. 부록에서는 틀리기 쉬운 문법 현상이라는 주제로 외국인으로서 작문을 하면서 자주 틀리고 놓치는 부분에 대해 정리해보았다.

1 과거를 만드는 방법들

중국어의 과거형은 서술어의 종류에 따라 다르고, 회화체인지 서면체인지에 따라서도 다소 다른데, 이 책에서는 서술어를 기준으로 삼아 설명한다. 서술어에 따라 달라지는 기준은 서술어에 '동작성'이 있느냐에 따른 것이다. 움직임이 있는 동작성 서술어는 '了'를 사용하지만, 움직임이 없는 비동작성 서술어는 과거를 나타내는 시간사를 이용한다.

1 움직임이 있는 동작성 서술어:
동작동사 '来', '去', '吃', '喝', '看', '听', '买', '睡觉', '上课', '工作' 등

예 그는 회사에 갔다. **他去公司了。**

밥 먹었니? **你吃饭了吗?**

나는 어제 친구랑 영화를 봤다. **我昨天跟朋友看电影了。**

LEVEL UP ■ [동작성 서술어 + 了= 과거]의 예외

① 움직임이 있는 동작성 서술어라 하더라도, 과거 일정 기간동안 반복해서 자주 일어났거나 규칙적으로 일어난 일에는 '了'를 붙이지 않는다.

- 나는 베이징에 온 이후로, 자주 감기에 걸렸다. **我来北京以后，经常感冒。**
- 나는 지난 학기 토요일마다 친구들과 농구를 했다. **我上个学期每个星期六跟朋友们一起打篮球。**
- 나는 작년에 중국어노래를 자주 들었다. **我去年常常听中国歌。**

② 일기같이 객관적 사실을 나열할 때에도 맨 끝에 '了'를 붙이지 않는다.

- 나는 어제 7시에 일어나서 9시에 학교에 갔다가, 6시까지 수업을 듣고 7시에 친구랑 영화를 보고, 10시에 각자 집에 돌아갔다.
我昨天7点起床，9点去学校，上课上到6点，7点跟朋友看电影，10点各自回家。

2 움직임이 없는 비동작성 서술어: '了'를 사용하지 않고, 시간사로 과거를 나타냄

    ① 형용사 서술어: '胖', '漂亮', '聪明', '热', '凉', '红', '固执', '开心', '高兴' 등

    ② 심리동사와 상태동사들: '喜欢', '爱', '相信', '希望', '在', '是', '像', '觉得' 등

    ③ 조동사: '想', '要', '能', '打算', '应该', '可以' 등

    예   그는 어렸을 때, 고집스러웠다. 他小时候很固执。

           오늘 즐거웠어. 今天我很高兴。

           그녀는 어렸을 때 예뻤고, 지금도 예쁘다. 她小时候很漂亮，现在也很漂亮。

           나는 고등학교 다닐 때 수학과목을 좋아했다. 我上高中的时候很喜欢数学课。

           나는 예전에 그가 재미없다고 느꼈다. 我以前觉得他很无聊。

           나는 작년에 중국에 가고 싶었다. 去年我想去中国。

           이곳은 예전에는 들어갈 수 있었다. 以前这个地方可以进去。

LEVEL UP ■ 비동작성 서술어의 了는 변화

이 서술어들에 '了'가 붙을 때에는 과거가 아닌 변화를 나타낸다.

• 어제 사온 토마토는 빨개졌니? 昨天买来的西红柿红了吗?

• 날이 어두워졌다. 집에 가자. 天黑了，回家吧。

Point

서술어의 종류	과거를 나타내는 방법	예외
동작동사	了	① 과거 일정 기간동안 반복적, 규칙적으로 일어난 일에는 '了'를 붙이지 않는다. ② 객관적 사실을 나열할 때 '了'를 붙이지 않는다.
형용사	시간사	'了'를 붙일 때에는 변화를 나타낸다.
심리·상태동사	시간사	일반적으로 '现在'와 같이 '了'를 쓰면 변화를 나타낸다.
조동사	시간사	

작문 부록 grammar bonus

❶ 오늘 매우 기쁘다. **今天很高兴了。** (×) / **今天很高兴。** (○)
→ 우리말은 '오늘 즐거웠다'라고 하지만, 중국어의 형용사는 과거라 하더라도 '了'를 붙일 수 없다.

❷ 어제는 어린이날이었다. **昨天是儿童节了。** (×) / **昨天是儿童节。** (○)
→ 우리말은 '어제는 어린이날이었다'라고 하지만, 중국어에서 움직임이 없는 심리·상태동사들은 과거라 하더라도 '了'를 붙일 수 없고 시간사로 과거를 나타낸다.

❸ 나는 어려서 자주 그의 집에 가서 놀았다.
我小时候经常去他家玩儿了。 (×) / **我小时候经常去他家玩儿。** (○)
→ 우리말은 '나는 어렸을 때 그의 집에 자주 가서 놀았다'라고 하지만, 중국어에서는 동작동사가 나왔더라도 과거에 반복적, 규칙적, 자주 일어난 일들에 대해서는 '了'를 붙일 수 없다.

❹ 나는 어제 이 책을 다 봤다. **我昨天看完那本书。** (×) / **我昨天看完了那本书。** (○)
→ 움직임이 있는 동작동사는 시간사나 결과보어가 있더라도 '了'를 붙여주어야 한다.

❺ 어제 나는 책을 샀다. **昨天我买了书。** (×) / **昨天我买书了。** (○)
→ 일반적으로 목적어에 아무것도 붙지 않으면, '了'는 문장 맨 끝에 온다. '昨天我买了书'라고 하면 문장이 끝나지 않은 느낌이다.

❻ 어제 나는 책을 한 권 샀다. **昨天我买一本书了。** (×) / **昨天我买了一本书。** (○)
→ 일반적으로 목적어에 수량구조가 있으면 '了'는 동사 뒤로 이동한다.

❼ 나는 그가 쓴 소설을 봤다. **我看他写的小说了。** (×) / **我看了他写的小说。** (○)
→ 일반적으로 목적어에 수식구조가 있으면 '了'는 동사 뒤로 이동한다. 수식구조는 '的'가 있는 것도 있을 수 있고, '的' 없이 수식하는 경우도 있다.

❽ 작년에 나는 중국에 가고 싶었다. **去年我想去中国了。** (×) / **去年我想去中国。** (○)
→ 조동사가 있는 문장은 내용상 과거라 하더라도 '了'를 붙일 수 없다.

❾ 그는 공원에 가서 산책을 했다. **他去了公园散步。** (×) / **他去公园散步了。** (○)
→ '来/去＋동사'의 구조에서는 '来/去'가 아닌 뒤에 나오는 동사에 '了'를 붙인다.

❿ 나는 이전에는 그를 좋아하지 않았는데, 지금은 그가 좋아졌다.
我以前不喜欢他，现在喜欢。 (×) / **我以前不喜欢他，现在喜欢了。** (○)
→ 심리동사 '喜欢'은 현재의 변화를 나타낼 때 '了'를 붙인다.

⓫ 나는 엄마를 닮았다. **我很像妈妈了。** (×) / **我很像妈妈。** (○)
→ 우리말은 '엄마를 닮았다'라고 하지만, 중국어는 움직임이 없는 상태동사에는 '了'를 붙이지 않는다. '나는 어렸을 때는 엄마를 닮았지만, 지금은 아빠를 닮았다'라고 한다면, '我小时候像妈妈，现在像爸爸了'라고 한다. 뒤에 온 '了'는 상태의 변화를 나타내는 '了'이다.

⓬ 지난 학기에 나는 매일 학원에 가서 중국어를 배웠다.
上个学期我每天去补习班学汉语了。 (×) / **上个学期我每天去补习班学汉语。** (○)
→ 우리말로는 '지난 학기에 나는 매일 학원에 가서 중국어를 들었다'처럼 과거로 말하지만, 중국어는 과거에 규칙적으로 일어난 일에 대해서는 '了'를 붙일 수 없다.

(2) 부정문의 과거 형태

일반적으로, 과거를 만들 때 '了'를 사용하는 것은 '没'로 부정하고, 시간사를 사용하는 것은 '不'로 부정한다.

1 '不'로 부정하는 것들: 형용사, 심리·상태동사, 조동사, 동작동사인데 '了'를 쓸 수 없는 상황

즉, 형용사, 심리·상태동사, 조동사의 부정은 일어난 일이든 아직 안 일어난 일이든 '不'로 한다.

> 예   나는 어렸을 때는 키가 크지 않았다.   我小时候个子不高。
>
> 나는 예전에는 그를 좋아하지 않았다.   我以前不喜欢他。
>
> 나는 예전에는 중국에 가고 싶지 않았다.   我以前不想去中国。

> **TIP**   조동사 '能'의 부정
>
> 다만 '能'은 과거일 때 일반적으로 '没'로 부정한다.
>
> • 나는 어제 학교에 갈 수 없었다.   我昨天没能去学校。
> • 나는 이 문제를 해결할 수 없었다.   我没能解决这个问题。

2 '没'로 부정하는 것: '了'를 사용해 과거를 만드는 동작동사

동작동사의 과거는 '没'로 부정을 하고, 동작동사라 하더라도 과거가 아닌 일은 모두 '不'로 부정한다. 진리, 습관 등도 모두 '不'로 부정한다.

> 예   나는 오늘 발표를 하지 않았다.   今天我没做报告。
>
> 나는 내 것만 샀지 네 것은 사지 않았다.   我只买了我的，没买你的。

Point

서술어의 종류	과거	非과거	예외사항
형용사, 심리·상태동사, 조동사	不	不	변화의 부정을 나타낼 때에는 '还没…呢'를 사용한다.

동작동사	没	不	① 과거에 자주 일어났던 일에 대한 부정은 '没'가 아닌 '不'로 한다.
			  예 예전에는 거기에 자주 가지 않았다.
			  以前不经常去那儿。
			② 습관의 부정은 '不'로 한다.
			  예 나는 술도 안 마시고 담배도 안 피운다.
			  我不喝酒，不抽烟。

LEVEL UP ■ 그 외 과거 및 과거의 부정 표현

① 형용사의 과거 부정이 아닌 '변화의 부정'을 나타낼 때는 '(还)没'로 한다.

- 날이 아직 밝지 않았다. **天还没亮呢。**
- 과일이 아직 익지 않았다. **水果还没熟呢。**

② 일반적으로 '没'는 '了'와 같이 쓰지 않는다. 하지만 시량(시간의 양)과 같이 쓰면 가능하다.

> **형식** ・ 시량목적어＋没＋동사＋了 = 일정기간 동안 ~하지 않다

- 그는 3년 동안 집에 가지 않았다. **他三年没回家了。**
- 나는 한달 동안 술을 마시지 않았다. **我一个月没喝酒了。**
- 나는 오랫동안 중국어를 쓰지 않았다. **我好久没说汉语了。**

③ '不'와 '了'가 함께 쓰이면, '앞으로 더 이상 ~하지 않겠다'는 미래의 의지를 나타낸다.

- 나는 이제 술 안 마신다. **我不喝酒了。**
- 나는 그를 안 볼 거다. **我不见他了。**
- 나는 중국어를 안 배울 거다. **我不学汉语了。**

자주 틀리는 문장과 이유

❶ 나는 어제 술을 마시지 않았다. **我昨天不喝酒。** (×) / **我昨天没喝酒。** (○)
➜ 동작동사의 과거 부정을 나타낼 때에는 '不'가 아닌 '没'를 사용한다.

❷ 나는 예전에는 술을 마시지 않았다. **以前我没喝酒。** (×) / **我以前不喝酒。** (○)
➜ 동작동사의 과거라 하더라도 일회성이 아닌 습관적, 규칙적, 자주 발생한 일에 대한 부정은 '不'를 사용한다.

❸ 나는 밥을 먹지 않았다. **我没吃饭了。** (×) / **我没吃饭。** (○)
➜ '没'는 일반적으로 '了'와 같이 쓸 수 없다.

❹ 나는 어제 학교에 가고 싶지 않았다. **我昨天没想去学校。** (×) / **我昨天不想去学校。** (○)
➜ 조동사의 과거 부정은 '能'을 제외하고는 일반적으로 '不'를 사용한다.

❺ 나는 앞으로는 학교에 가고 싶지 않다. **我不想去学校。** (△) / **我不想去学校了。** (○)
➜ '我不想去学校'가 틀린 문장이 아니지만 이 문장은 '학교에 가고 싶지 않다'만을 나타낸다. '앞으로 ~하지 않겠다'는 화자의 의지를 담으려면 '不…了'를 사용하는 것이 더 좋다.

❻ 나는 3년 동안 그를 만나지 않았다. **我没见他三年。** (×) / **我三年没见他了。** (○)
➜ '~기간 동안 ~하지 않았다'는 문형은 '시량목적어＋没＋동사＋了'를 사용한다.

❼ 나는 예전에는 그를 좋아하지 않았다. **以前我不喜欢他了。** (×) / **以前我不喜欢他。** (○)
➜ 심리동사의 과거 부정은 '不'를 사용한다. '不…了'는 미래표현으로, '나는 앞으로 그를 좋아하지 않겠다'라고 할 경우에는 '以后我不喜欢他了'를 사용한다.

전치사와 결과보어의 차이

동사 앞에 쓰이는 전치사가 간혹 동사 뒤에 쓰이기도 한다. 동사 뒤에 쓰일 때는 종착지점이나 결과성 성분을 나타내주는 결과보어의 역할을 한다고 볼 수 있다.

> **형식**
> · 在地上跳。 → 전치사 '在'는 뛰는 동작의 발생 장소를 나타냄
> · 跳在地上。 → 결과보어 '在'는 뛰었는데 그 종착지점이 땅이라는 것을 알려줌

이렇게 전치사와 결과보어로 모두 쓰이는 것에는 '在', '给', '向', '往'이 있다.

(1) 전치사로 쓰일 때

1 在: 주로 우리말 '~에서'로 번역되며, 동작의 발생 장소를 나타낸다.

> 예
> 그는 은행에서 돈을 찾는다. **他在银行取钱。**
> 그는 슈퍼에서 장을 본다. **他在超市买菜。**
> 나는 집에서 영화를 본다. **他在家看电影。**

2 给: 주로 우리말 '~에게'로 번역되며 이때 목적어는 서술어 앞에 온다. 일반적으로 '给'와 함께 쓰이는 동사는 '打电话', '发短信', '发e-mail', '寄', '上课', '辅导', '介绍' 등이 있다.

> 예
> 나는 그에게 전화를 걸었다. **我给他打电话了。**
> 나는 그에게 책 한 권을 사 주었다. **我给他买了一本书。**
> 여러분께 소개하겠습니다. **给你们介绍一下。**

3 向: 주로 우리말 '~를 향해/~에게', '~로'로 번역된다. '向' 뒤에는 방향을 나타내는 단어가 올 수도 있고, 사람을 나타내는 단어가 올 수도 있다. 사람을 나타내는 단어가 올 때에는, '说明', '解释', '介绍', '表示', '打听', '要求', '问好', '申请' 등의 동사가 주로 온다.

> 예
> 그에게 해명 좀 해. **向他解释一下。**
> 앞으로 가세요. **向前走。**
> 그분께 감사를 표합니다. **我向他表示感谢。**

작문 부록 grammar bonus

> **TIP** '向'의 활용
>
> '向'이 방향을 나타내는 전치사로 쓰일 때는 '朝', '往'과 같이 쓰이고, '~를 향해/~에게'로 쓰일 때는 '跟', '给', '对' 등과 같은 용법으로 쓰일 때가 많다.
>
> - 앞으로 가세요. **往前走。**
> - 그에게 해명 좀 해. **跟他解释一下。**

4 往: 주로 우리말 '~(쪽/방향)으로'로 번역된다. '往' 뒤에는 사람을 나타내는 단어는 올 수 없고 장소를 나타내는 단어만이 온다.

> 예 오른쪽을 도세요. 우회전하세요. **往右拐。往右转。**

> **TIP** 중국어 일반명사의 장소화
>
> 중국어는 사람명사나 일반명사가 그 자체로 장소를 나타낼 수 없기 때문에 장소를 나타내게 하기 위해서는 다음과 같이 쓴다.
>
> ① 사람명사가 장소를 나타낼 때에는 뒤에 '这儿'이나 '那儿'을 붙인다.
> ② 일반명사가 장소를 나타낼 때에는 뒤에 '上'이나 '里'를 붙인다.
>
> - 선생님한테 가봐. **去老师那儿。**
> - 나한테 와. **来我这儿。**
> - 나는 인터넷에서 표를 샀다. **我在网上买票了。**
> - 나는 책을 책상 위에 놓았다 **我把书放在桌子上。**

(2) 결과보어로 쓰일 때

1 在: 주로 우리말 '~에' 혹은 '~로'로 번역되며, 동사 뒤에 쓰여, 동작의 종착, 종결장소나 결과지점을 나타낸다. 일반적으로 목적어는 '把'를 수반해서 동사 앞에 위치한다.

> 예 **坐在那儿。**   거기에 앉아. [앉는 동작의 종착지점이 '거기']
>
> **我把书放在桌子上了。**   나는 책을 탁자 위에 놓았다. [놓는 동작의 종착지점이 '탁자']
>
> **存在USB里。**   USB에 저장해라. [저장하는 동작의 종착지점이 'USB']
>
> **我把车停在停车场了。**   나는 차를 주차장에 세웠다. [세운 동작의 종착지점이 '주차장']
>
> **定在下周三吧。**   다음 주 수요일로 정합시다. [정한 동작의 종착지점이 '다음 주 수요일']

'生活', '住', '发生', '成长', '出生' 등의 동사는 '在'가 전치사로 쓰일 수도 있고, 결과보어로 쓰일 수도 있다. 즉, 동사 앞이나 뒤에 나올 수 있는데, 의미의 차이가 없다.

- 이 사건은 중국에서 발생했다. **这件事发生在中国。** / **这件事是在中国发生的。**
- 나는 서울에 산다. **我在首尔住。** / **我住在首尔。**

2 给: 주로 우리말의 '~에게'로 번역되며, 동사 뒤에 쓰여 동작의 수혜를 받는 사람을 나타낸다. '还', '送', '借', '卖', '交', '留', '提交' 뒤에 주로 쓰인다.

> 예   나에게 돈을 빌려줘. **借给我一笔钱。**
>
> 그에게 그 책을 빌려줘. **借给他那本书。**
>
> 너는 보고서를 선생님께 제출했니? **你把报告提交给老师了吗?**
>
> 나는 이걸 그에게 주고 싶어. **我想把这个送给他。**

3 向: 주로 우리말 '~를 향해', '~로'로 번역된다. 동사 뒤에서 결과보어로 쓰일 때는 '向' 뒤에 사람을 쓰지 않고, 방향만 쓴다. 방향은 동작이 종착지점을 향하는 곳이다. 주로 같이 쓰이는 동사는 '流', '走', '跑', '冲' 등이 있다.

> 예   동쪽으로 흐른다. **流向东边。**
>
> 미래를 향해 걷다. **走向未来。**

4 往: 주로 우리말 '~(쪽/방향)으로'로 번역된다. 전치사로 쓰일 때와 마찬가지로 '往' 뒤에는 사람을 나타내는 단어는 올 수 없고 장소를 나타내는 단어만이 온다. 주로 같이 쓰이는 동사는 '开', '飞', '运' 등이 있다.

> 예   이 기차는 서울로 가는 거예요? **这辆火车是开往首尔的吗?**
>
> 베이징으로 가는 다음 비행기는 몇 시입니까? **飞往北京的下一个航班是几点的?**

작문 부록 grammar bonus

❶ 나는 도서관에서 책을 본다. 我看书在图书馆。（×）/ 我在图书馆看书。（○）
　→ 책을 보는 동작이 도서관에서 계속 일어나고 있으므로, '在'는 결과보어가 아닌 전치사로 쓰여야 한다. '在'가 전치사로 쓰일 때는 동사 앞에 쓰여 동작의 발생 장소를 나타낸다.

❷ 그는 의자에 앉아서 쉬고 있어. 他正在椅子坐休息呢。（×）/ 他正坐在椅子上休息呢。（○）
　→ 의자는 앉은 동작의 종착지점이다. 앉는 동작이 반복해서 지속적으로 발생하는 것이 아니므로, 동사 뒤에 놓아 결과보어로 사용해야 한다. 의자는 일반명사이므로, 장소를 나타낼 때 '上'을 붙여야 한다. 그리고, '～하고 있다'는 진행 상태는 '正…呢'를 사용한다.

❸ 책상 위에 놓았어. 在书桌放了。（×）/ 放在书桌上了。（○）
　→ 놓은 동작의 종착지점이 책상이므로, '在'는 동사 뒤에 놓아 결과보어로 써야 한다. 또한 책상은 일반명사이므로, 장소로 사용하기 위해서는 '上'을 붙인다.

❹ 선생님한테서 가져왔어. 从老师拿来了。（×）/ 从老师那儿拿来了。（○）
　→ 선생님은 사람명사이다. 그러므로 장소로 쓰일 때는 '那儿'을 붙여야 한다. 전치사 '在'는 동작의 발생 장소를 나타낼 때 쓴다. 여기서는 선생님한테서 무언가를 가져왔다는 의미로 그 무언가는 원래 선생님한테 있다가 내게로 왔다. 이렇게 대상의 이동이 있으면 '在'가 아닌 '从'을 사용한다. 즉, '냉장고에서 우유를 꺼냈다', '도서관에서 책을 빌렸다'와 같이 대상의 이동(냉장고 안→밖/도서관 안→밖)이 있으면, 전치사 '从'을 사용한다.

❺ 난 그에게 이미 부탁했어. 我已经给他拜托了。（×）/ 我已经拜托他了。（○）
　→ '拜托(부탁하다)'는 전치사 없이 사람목적어를 수반하는 동사이다.

❻ 나는 그에게 내일 9시에 시험이라고 알려 주었다.
　我给他告诉明天九点考试。（×）/ 我告诉他明天九点考试。（○）
　→ '告诉(알려주다)'는 전치사 없이 사람목적어를 수반하는 동사이다.

❼ 앞으로 가세요. 前走。（×）/ 往前走。（○）
　→ 방향을 나타내는 전치사는 '往'을 사용한다. 뒤에 방향을 나타내는 말이 나와야 한다.

❽ 어떤 문에서(으로) 들어가야 빠른가요? 在哪个门进去快呢？（×）/ 从哪个门进去快呢？（○）
　→ '～를 지나'라는 의미를 가진 전치사는 '从'이다. 대상의 이동이나 주어의 이동 모두 '从'을 사용한다. '在'는 동작의 지속적인 발생을 나타내므로 주어나 객체의 이동이 없는 데 반해서, '从'은 주어나 대상의 이동이 있을 때 사용한다. 중국은 거의 모든 대학에 동문, 서문, 남문, 북문이 있어서, 이런 질문이 나오기도 한다.

❾ 오늘 2시까지 수업이에요. 今天到两点上课。（×）/ 今天上课上到两点。（○）
　→ 수업이 먼저 진행이 되고, 수업이 끝난 종착시점이 '2시'이다. 그러므로 종착지점은 가장 뒤에 나와야 한다. 일반적으로 우리말의 '～까지'는 중국어에서 '到'를 써서 항상 동사 뒤에 나온다. '上课到两点'이지만, 결과보어는 예외 없이 동사성 성분 뒤에 나오므로, 동사 '上'을 한 번 더 써줘야 한다. 수업을 나타내는 명사성 성분인 '课' 뒤에는 보어가 올 수 없다.

❿ 선생님께 제출했어요. 我给老师交了。（×）/ 我交给老师了。（○）
　→ 만약에 보고서를 제출했다고 하면, 보고서는 이미 선생님에게 가 있다. 선생님은 동작의 수혜자이므로 동사 뒤에 가야 한다. 보고서라는 목적어를 넣고 싶다면, '给'가 결과보어이므로 '把'자문을 사용해서 '我把报告交给老师了'라고 쓸 수밖에 없다.

3 형용사의 종류: 성질형용사, 상태형용사, 비위형용사

(1) 성질형용사: '红', '漂亮', '聪明', '干净' 등 우리에게 가장 익숙한 형용사이다.

1 서술어로 쓰일 때에는 일반적으로 '很', '非常', '比较'와 같은 정도부사를 앞에 붙인다.

> 예 오늘 춥다. **今天很冷。**
> 중국어는 어렵다. **汉语很难。**
> 이 꼬마는 아주 똑똑하다. **这小孩子非常聪明。**

2 정도부사를 앞에 붙이고, 뒤에 '的'를 붙여서 명사를 수식한다.

> 예 나는 싱싱한 해산물을 좋아한다. **我喜欢很新鲜的海鲜。**
> 내가 너에게 간단한 이야기 하나 해줄게. **我给你说一个很简单的故事。**

3 부정은 일반적으로 '不'로 한다.

> 예 나는 학점이 좋지 않다. **我成绩不好。**
> 이것은 복잡하지 않다. **这个不复杂。**

4 과거를 만들 때는 시간사로 만든다.

> 예 나는 어렸을 때 성적이 좋았다. **我小时候成绩很好。**
> 나는 예전에 뚱뚱한 편이었다. **我以前比较胖。**

5 중첩은 AABB로 만든다. 중첩이 된 후에는 (1) 성질형용사가 아닌 (2) 상태형용사의 문법적 특징 (**1**~**3**)을 그대로 따른다. 즉, 서술어로 쓰이거나 명사를 수식할 때 정도부사를 앞에 붙일 수 없고, 뒤에 '的'를 붙이며, 부정형식이 없다.

> 예 그는 눈이 크다. **他眼睛大大的。**
> 이것은 간단한 사랑 이야기이다. **这是一个简简单单的爱情故事。**
> 그는 명확하게 이야기했다. **他说得清清楚楚的。**
> 그는 방을 깨끗하게 청소했다. **他把房间打扫得干干净净的。**

(2) 상태형용사: 단어 자체에 정도를 나타내는 글자가 이미 들어가 있는 형용사를 말한다. 예를 들면
'雪白(눈처럼 희다: 새하얗다)', '漆黑(칠흑같이 검다: 새까맣다)', '冰凉(얼음처럼 차다: 아주 차
다)', '笔直(붓처럼 곧다: 매우 곧다)', '血红(피처럼 빨갛다: 새빨갛다)' 등이다.

1 서술어로 쓰일 때는 앞에 정도부사를 붙이지 않고, 뒤에 '的'를 붙인다.

> 예 　이 와이셔츠는 아주 희다. 　这件衬衫雪白<u>的</u>。
> 　　밖은 아주 깜깜하다. 　外面漆黑<u>的</u>。

2 명사를 수식할 때에도 정도부사를 붙일 수 없다.

> 예 　몸이 찬 원인은 무엇인가요? 　身体冰凉<u>的</u>原因是什么?
> 　　새빨간 얼굴 　通红<u>的</u>脸

3 부정 형식은 없다.

4 중첩은 ABAB이다.

> 예 　내 손은 언제나 매우 차다. 　我的手总是冰凉冰凉的。
> 　　새하얀 구름 　雪白雪白的云朵

> TIP　그 외 형용사의 중첩형식
> 'ABB'와 'A里AB'의 중첩형식도 있다. 'A里AB'는 보통 안 좋은 의미의 형용사를 중첩할 때 사용된다. 다음의
> 중첩 형식을 한 단어처럼 외워두자.

ABB	따끈따끈하다　热乎乎	따끈따끈한 왕만두　热乎乎的包子
	시끌벅적하다　乱哄哄	교실 안은 시끌벅적하다.　教室里乱哄哄的。
	짙푸르다　绿油油	짙푸른 초원　绿油油的草地
A里AB	정신이 없다, 멍청하다　糊里糊涂	나 오늘 어쩜 이렇게 정신이 없지? 我今天怎么这么糊里糊涂的?
	쩨쩨하다, 인색하다　小里小气	그는 쩨쩨하고 인색한 남자이다. 他是一个小里小气的男生。
	촌스럽다　土里土气	촌티 나는 여자는 어떻게 꾸며야 하나요? 土里土气的女生应该怎么打扮呢?
	건들건들거리다　流里流气	외모가 건들건들한 남자는 어떤 사람인가요? 那个外表流里流气的男人是个怎样的人?

5 정태보어 뒤에 보어로 쓰일 때에는 '的'가 붙을 수도 있다.

(3) 비위형용사(非谓형용사): '서술어(谓语)'로 쓰이지 않는 형용사를 가리키며, '구별사'라고도 부른다. 명사를 수식하므로 형용사의 범주로 본다. 이 범주에 속하는 형용사로는 '男', '女', '金', '银', '单', '双', '正', '副', '公', '母', '个别', '共同', '主要', '彩色', '粉红', '急性', '慢性' 등이 있다. 문법적 특징은 다음과 같다.

1 단독으로 쓸 수 없다.

2 서술어로 쓰일 수 없다.

3 정도부사를 붙일 수 없다.

4 '的' 없이 명사를 직접 수식한다.

젊은 남자, 남학생 **男生** | 여성, 여자 **女士** | 금 **金子** | 암탉 **母鸡** | 부사장 **副经理** | 급성위염 **急性胃炎**

5 뒤에 '的'를 붙여 명사처럼 쓰인다.

남자 **男的** | 여자 **女的** | 주요한 것 **主要的** | 공통적인 것 **共同的**

자주 틀리는 문장과 이유

1 어제 그와 함께 본 영화는 재미 있었다.
　昨天跟他一起看的电影好看。(×) / 昨天跟他一起看的电影很好看。(○)
　→ 성질형용사가 서술어로 쓰일 때는 정도부사를 붙인다. '很'이 아니더라도 '非常', '相当', '比较' 등을 붙이면 된다.

2 네 눈이 왜 그렇게 빨갛니? 你眼睛为什么很血红? (×) / 你眼睛为什么血红血红的? (○)
　→ 상태형용사는 정도부사를 붙일 수 없고, 서술어로 쓰이면 뒤에 '的'를 붙여야 한다.

3 나는 너보다 두 살이 많다. 我比你多两岁。(×) / 我比你大两岁。(○)
　→ '나이가 많다'를 나타내는 형용사는 '多'가 아닌 '大'이다.

4 나는 너보다 5센티가 크다. 我比你大五厘米。(×) / 我比你高五厘米。(○)
　→ '키가 크다'를 나타내는 형용사는 '大'가 아니라 '高'이다.

5 밖에 비가 많이 온다. 外面下雨下得很多。(×) / 外面下雨下得很大。(○)
　→ '비가 많이 온다'를 나타낼 때에 쓰는 형용사는 '多'가 아니라 '大'이다. 일반적을 자연현상에는 '大'가 많이 쓰인다. 예) 오늘 바람이 세다. 今天风很大。 / 오늘 태양이 뜨겁다. 今天太阳很大。

6 그는 방을 깨끗하게 청소했다. 他把房间打扫得干净的。(×) /
　他把房间打扫得很干净。 / 他把房间打扫得干干净净的。(○)
　→ 성질형용사가 보어로 쓰일 때는 정도부사를 넣고 '的'를 붙일 수 없으며, 중첩한 이후에만 '的'를 붙인다.

작문 부록 grammar bonus

7 황금은 1킬로에 얼마입니까? 金一公斤多少钱?（×）/ 黄金一公斤多少钱?（○）

➡ '금'이라는 단어는 비위형용사여서, 단독으로 쓰일 수 없다. 일반적으로 '黄金' 혹은 '金子'로 쓴다.

8 너무 더우니까 빨리 에어컨을 틀어서 시원해지게 해.

太热了，快点打开空调，凉凉快快吧。（×）/ 太热了，快点打开空调，凉快凉快吧。（○）

➡ 성질형용사는 일반적으로 중첩을 한 후에는 서술어로 쓰이지 않고, 동사를 수식하는 부사어로 쓰이든지 보어로 쓰인다. 예를 들면, '他高高兴兴地出去了(그는 신이 나서 기쁘게 나갔다)', '他打扫得干干净净的(그는 깨끗하게 청소했다)'와 같이 쓰인다. 하지만 성질형용사가 동사처럼 쓰일 때가 있다. 이때는 AABB가 아닌 동사의 중첩형식인 ABAB로 중첩한다. 여기에서는 '시원한'이 아니라, '시원하게 하다'라는 동사로 쓰였으므로, 동사의 중첩형인 ABAB를 사용하는 것이다.

9 오늘 기분이 안 좋으니, 우리 나가서 즐겁게 놀자.

今天心情不好，我们出去高高兴兴吧。（×）/ 今天心情不好，我们出去高兴高兴吧。（○）

➡ 성질형용사 '高兴'이 '즐겁게 놀다' 혹은 '즐기다'라는 동사로 쓰일 때이다. 성질형용사의 중첩이 아닌 동사의 중첩형식을 따른다.

---

4 자주 틀리는 부사들

일반적으로 부사는 [주어 뒤, 서술어 앞]에 위치한다. 조동사, 전치사와 함께 쓸 경우에는 [조동사와 전치사 앞]에 위치하고, 부사가 2개 이상 나올 때에는 어순에 따라 의미가 달라지기도 한다.

⑴ 부정을 나타내는 부사(부정부사): 不, 没

1 '不', '没'는 부사이므로 동사 앞에 오는 것이 기본이다. 하지만 조동사, 전치사 등이 있을 때에는 조동사와 전치사 앞에 온다.

> **예** 나는 중국에 가본 적이 없다. 我没去过中国。
>
> 나는 학생이 아니다. 我不是学生。
>
> 나는 그에게 전화하지 않았다. 我没给他打电话。（○）/ 我给他没打电话。（×）
>
> 나는 그를 만나고 싶지 않다. 我不想跟他见面。（○）/ 我跟他不想见面。（×）
>
> 나는 아직 그에게 책을 돌려주지 않았다. 我还没把书还给他。（○）/ 我把书还没还给他。（×）
>
> 나는 선생님께 혼나지 않았다. 我没被老师批评。（○）/ 我被老师没批评。（×）
>
> 나는 도서관에서 공부하지 않는다. 我不在图书馆学习。（○）/我在图书馆不学习。（×）

2 '不'는 '很'과 '太'의 위치에 따라서 의미가 달라진다.

정도부사 + 不 + 형용사: 완전부정	不 + 정도부사 + 형용사: 부분부정
很不健康 아주 건강하지 않다 太不新鲜 아주 싱싱하지 않다 很不好 아주 안 좋다	不太健康 그렇게 건강한 것은 아니다 不很新鲜 아주 신선한 것은 아니다 不很好 아주 좋지는 않다

3 일반적으로 '了', '着', '过'의 부정은 '没'로 한다. '了'는 '没'가 나오면 생략된다.

> 예 나는 과일을 좀 샀다. 我买了一些水果。
>
> → 나는 과일을 사지 않았다. 我没买水果。
>
> 그는 모자를 쓰고 있다. 他戴着帽子。
>
> → 그는 모자를 쓰고 있지 않다 他没戴着帽子。
>
> 그는 중국에 간 적이 있다 他去过中国。
>
> → 그는 중국에 간 적이 없다 他没去过中国。

4 결과보어의 부정은 '没'로 한다.

> 예 나는 그 책을 다 읽지 않았다. 我没看完那本书。
>
> 나는 보고서를 다 쓰지 않았다. 我没写完报告。

> TIP 일어나지 않은 조건이나 가정문의 부정
>
> 결과보어의 부정이라도, 일어나지 않은 조건이나 가정문일 경우에는 '不'로 부정한다.
>
> • 산 정상에 올라가지 않으면, 내려가지 않겠다. 不爬到山顶，我就不下去。
> • 중국어를 잘 배우지 않으면, 귀국하지 않겠다. 不学好中文，我就不回国。

(2) 정도를 나타내는 부사(정도부사): '比较', '非常', '很', '稍微', '特别', '真', '还', '相当', '最', '很'
이 있는데, 일반적으로 정도를 나타내는 부사들은 형용사 앞에 쓰여, 서술어나 수식어로 쓰인다.

1 稍微: '조금'이라는 뜻으로, 단독으로는 쓰이지 않고 주로 '一点儿', '一些', '一下'와 같이 쓰인다.

> 예 조금 춥다 稍微冷 (✕) / 稍微冷一点儿 (○), 稍微冷一些 (○)
>
> 조금 크다 稍微大 (✕) / 稍微大一点儿 (○), 稍微大一些 (○)

2 真: 명사를 꾸밀 수 없고, 서술어를 수식하는 역할만 한다.

> 예 真漂亮 (○) / 真漂亮的小姐 (✕)

작문 부록 grammar bonus

(3) 빈도를 나타내는 부사(빈도부사): '常常', '经常', '偶尔', '总是', '还', '在', '又' 등

   1 再: '다시'라는 의미를 나타내며 미래에 쓰인다. 대부분의 부사는 조동사 앞에 위치하지만, '再'는 조동사 뒤에 위치함을 알아두자.

     예   또 보자!   再见!

          나는 다시 한번 가고 싶다.   我想<u>再</u>去一次。

   2 又: '또, 다시'라는 의미이며, 과거를 나타낸다. 하지만 미래에 쓰이기도 하는데, 이때는 화자가 좋아하지 않는 일이 또 다시 일어나거나 반복될 때이다. 일반적으로 '了'와 같이 쓰인다.

     예   또 만났다.   <u>又</u>见到他了。

          내일 또다시 월요일이네.   明天<u>又</u>是星期一了。

          나는 내일 또다시 중국으로 출장 가야 한다.   明天我<u>又</u>要去中国出差了。

(4) 시간이나 범위를 나타내는 부사: '才', '就', '都', '刚', '已经', '曾经', '快' 등

   1 才:

형식	• 시간을 나타내는 말(a) + 才 a가 되어서야 비로소
	• 才 + 시간을 나타내는 말(a) a밖에 안 되었는데

     예   아홉 시에 수업인데, 그는 열 시가 되어서야 왔다.   九点上课，他十点<u>才</u>来。

          아홉 시밖에 안 되었는데, 그는 벌써 왔다.   <u>才</u>九点，他就来了。

          그는 스물다섯 살이 되어서야 대학에 입학했다.   他二十五岁<u>才</u>考上大学。

          열 여덟 살밖에 안 되었는데 비로소 그는 대학에 입학했다.   <u>才</u>十八岁，他就考上大学了。

   2 就: 일반적인 위치는 주어 뒤, 서술어 앞이다.

     ① 주로 '바로 ~이다'의 의미로 쓰인다.

     예   시험장은 바로 저기예요.   考场<u>就</u>在那儿。

          어제 발표를 한 사람이 바로 저 사람이에요.   昨天做报告的<u>就</u>是他。

     ② '~밖에 안 되었는데 벌써 (~하다)'의 의미로 쓰인다.

     예   스무 살밖에 안 되었는데, 그는 벌써 결혼했다.   才二十岁，他<u>就</u>结婚了。

          여섯 시밖에 안 되었는데, 그는 벌써 일어났다.   才六点，他<u>就</u>起床了。

③ 주어의 범위를 제한시켜주는 예외적인 용법일 때는 주어 앞에 온다.

예　금요일만 수업이 없다.　就星期五没有课。
　　그 사람 한 사람만 왔다.　就他一个人来了。

④ 就(要)…了: '곧 ~할 것이다'라는 미래의 용법이다. 앞에 정확한 시간사가 나올 수 있다.
'快(要)…了'는 앞에 정확한 시간사가 나올 수 없다는 것에서 차이가 있다.

예　그는 내년이면 군대에 간다.　他明年就去当兵了。（○）/ 他明年快去当兵了。（✕）
　　기차가 곧 떠난다.　火车就要开了。

⑤ 一…就…: ~하자마자 ~하다

예　한번 보면 딱 안다.　一看就知道。
　　그는 나를 보자마자 나갔다.　他一看到我就出去了。

3 都:

① 긍정문: '都' 앞에 있는 것 '모두'라는 의미이다.

예　그들은 모두 수락했다.　他们都答应了。
　　신청한 사람 모두 왔다.　报名的人都来了。

② 의문문: 의문대명사와 같이 쓰여서, 의문대명사가 묻는 것들의 하나하나 개체를 묻는다.

예　너 어디어디 갔었어?　你都去过哪儿?
　　너희 뭐뭐 먹었어?　你们都吃了些什么?
　　너희 집 몇 식구야? 누구누구야?　你家有几口人? 都有什么人?

③ 都…了: 시간이 늦거나, 나이가 많거나, 수량이 많음을 나타낸다.

예　벌써 10시인데, 왜 아직 안 들어오는 거야?　都十点了，他怎么还不回家呢?
　　너는 나이가 서른인데, 왜 아직도 철이 안 드니?　你都三十岁了，怎么还不懂事?
　　열 번이나 봤는데도 아직 부족하니?　你都看了十遍，还不够吗?

4 刚: 부사이므로 주어 뒤에 위치한다. '막, 방금'의 의미로, 일반적으로 '了'와 같이 쓰이지 않는다.

> 예　나는 막 귀국을 해서, 어떤 것도 다 익숙하지 않다.　我刚回国，什么都不习惯。
>
> 　　　내가 여기 막 도착했을 때, 여기는 아무것도 없었어.　我刚到这里的时候，这里什么都没有。

> TIP　부사 刚才
>
> '刚才'는 '방금 전'이라는 명사이다. 그러므로 주어 앞에 쓰일 수도 있다.
>
> • 나는 방금 전에 이메일을 열어보았다.　我刚才打开了邮件。/ 刚才我打开了邮件。

5 曾经: '일찍이'의 의미로 일반적으로 '过'와 같이 쓰인다.

> 예　나는 일찍이 서예대회에 나간 적이 있다.　我曾经参加过书法比赛。
>
> 　　　나는 그 사람의 마음을 아프게 했었던 적이 있다.　我曾经伤过他的心。

(5) 문장의 어기를 나타내는 부사: 문장의 어기를 나타내는 부사에는 '也许', '恐怕', '难道', '到底', '幸亏', '果然', '原来' 등이 있는데, 일반적으로 부사의 위치는 주어 뒤, 서술어 앞이지만, 문장의 어기를 나타내는 부사는 문장 앞에 쓰이기도 한다.

부사	뜻	예문
也许	아마 ~일 것이다	아마 그는 이 소식을 아직 못 들었을 수 있어. 也许他还没听到这个消息。
恐怕	아마 ~일 것이다 [주로 부정문에 쓰임]	아마 그는 이 소식을 아직 못 들었을 거야. [걱정의 의미] 恐怕他还没听到这个消息。
难道	설마	설마 너 진짜 모르는 거야?　难道你真的不知道？
到底	도대체	도대체 좋아하는 거야 안 좋아하는 거야?　到底喜欢不喜欢？
幸亏	다행히도	다행히도 그는 안 왔어.　幸亏他没来。
果然	과연	과연 그는 고수야.　果然他是个高手。
原来	알고 보니 [몰랐던 걸 알았을 때]	당신이 매니저였군요.　原来你是经理。

❶ 내가 막 도착했을 때, 아버지가 오셨다.

　　我刚到家，就爸爸回来了。（×）/ 我刚到家，爸爸就回来了。（○）

→ '就'는 부사이므로 주어 뒤, 서술어 앞에 쓴다.

❷ 나는 미국에 다시 한번 가고 싶다.　我再想去美国一趟。（×）/ 我想再去一趟美国。（○）

→ '再'는 조동사 뒤에 오는 부사이다. '一趟'은 수량목적어이므로 일반목적어 앞에 온다.

❸ 어제 나는 잠을 잘 못 자서, 지금 피곤해 죽겠다.

　　昨天晚上不睡好，现在累死了。（×）/ 昨天晚上没睡好，现在累死了。（○）

→ 일반적으로 결과보어의 부정은 '没'이다. '好'가 결과보어로 쓰였으므로, '不'가 아닌 '没'로 부정해야 한다.

❹ 나는 중국어를 잘 배우지 않으면 귀국하지 않겠다.

　　没学好中文，我就不回国。（×）/ 不学好中文，我就不回国。（○）

→ 결과보어의 부정은 '没'로 하지만, 일어나지 않은 가정이나 조건이라면 '不'로 해야 한다.

❺ 9시에 수업을 하는데, 그는 10시가 되어서야 왔다.

　　九点上课，他才十点来。（×）/ 九点上课，他十点才来。（○）

→ '才' 다음에 시간이 나오면 '~밖에 안 되었다'의 의미이다. '~가 되어서야 비로소'의 의미로 쓰려면 시간사 다음에 '才'를 써주어야 한다.

❻ 그는 중국어 배우는 게 느리다. 10년을 배워서야 할 줄 알게 되었다.

　　他汉语学得很慢，学了十年就学会。（×）/ 他汉语学得很慢，学了十年才学会。（○）

→ '就'는 생각보다 빠름을 표현한다. 즉, '1달밖에 안 배웠는데, 할 줄 안다'라고 한다면 '学了一个月就学会'라고 한다. '才'는 시간 뒤에 쓰여, '~가 되어야 비로소'의 의미가 있으므로 여기에서는 '才'를 써야 한다.

❼ 내가 이 일을 언급하자마자 그는 나갔다.

　　我一提到这件事，就他出去了。（×）/ 我一提到这件事，他就出去了。（○）

→ '就'는 부사이므로, 주어 뒤에 써야 한다.

❽ 어제 우리는 두 시간 동안 농구를 하고, 또다시 세 시간 동안 축구를 했다.

　　昨天我们打了两个小时篮球，再踢了三个小时足球。（×）/

　　昨天我们打了两个小时篮球，又踢了三个小时足球。（○）

→ '再'는 미래의 시간에서 '다시'를 의미하므로, 과거의 시간에서 '다시'를 의미하는 '又'를 써주어야 한다.

❾ 10시나 되었는데, 너는 왜 아직도 안 일어나니?

　　才十点了，你怎么还不起床。（×）/ 都十点了，你怎么还不起床。（○）

→ '(벌써) ~나 되었다'는 '都…了' 문형을 사용한다. '才'를 사용하고 싶다면 '才十点，他就起床了.'라고 할 수 있다. 이때 의미는 '겨우 열 시인데, 그는 벌써 일어났다'이다.

❿ 내 병은 막 좋아져서 여행 갈 수 있다.

　　我的病刚才好，可以去旅行。（×）/ 我的病刚好，可以去旅行。（○）

→ '刚才'는 '방금 전'이라는 명사이다. '막'이라는 부사는 '刚'을 써야 한다.

작문 부록 grammar bonus

5 정도보어와 정태보어 '得'

정도보어는 형용사의 정도를 나타내주는 보어이고, 정태보어란 동사나 형용사 뒤에 '得'를 동반하여 동사의 동작·행위의 모습이나 형용사의 성질·상태의 모습을 구체적으로 묘사하는 보어이다. 정도보어는 '得'나 '死了', '极了' 등을 사용하고, 정태보어는 모두 '得'를 사용해서 나타낸다.

(1) 정도보어

    모두 형용사의 정도를 수식하는 것으로, 형용사 뒤에서 수식한다는 공통점이 있고, 모두 '很 + 형용사'로 바꿀 수 있다는 공통점이 있다.

1 '得'를 사용하는 정도보어

'多得多', '多得很', '热得要命', '忙得要死' 등 이렇게 형용사 뒤에 '得' 뒤를 붙이고, 그 뒤에 제한적 단어가 오는 것을 정도보어라고 한다. 이들은 모두 기본적으로 '很 + 형용사'로 바꾸어도 기본 의미가 변하지 않는 것들이다. 즉, 기본 의미는 변하지 않는 채, 형용사의 정도만을 나타낸다. 뒤에 나오는 단어들로는 주로 '多', '很', '要命', '要死', '受不了', '慌', '不得了', '不行', '厉害'가 있다.

> 예 난 시간이 남아 돈다. **时间，我多得很。**
>
> 그녀는 정말 예쁘다. **她漂亮得很。**
>
> 요즘 난 죽을 만큼 바쁘다. **最近我忙得要命。**
>
> 난 대단히 기쁘다. **我高兴得不得了。**

2 기타성분을 사용하는 것: '得' 이외에 형용사 뒤에 '死了', '极了'를 사용하여, 형용사의 정도를 나타낸다.

> 예 그녀는 대단히 예쁘다. **她漂亮极了。**
>
> 난 피곤해 죽겠다. **我累死了。**
>
> 오늘 더워 죽겠다. **今天热死了。**

(2) 정태보어

동사나 형용사가 어떠한 상태에 있는지 표현하는 방법이다.

1 [동사 + 得 + 형용사]

'(형용사)하게 (동사)하다'의 의미로, 형용사 부분이 우리말의 부사어로 번역된다. ('빠르게 뛰다 跑得很快', '예쁘게 쓰다 写得很漂亮', '훌륭하게 하다 做得很好' 등)

① 목적어가 있을 때에는 동사를 한 번 더 써준다. 이때 첫 번째 동사는 생략할 수 있다.

> 예   그는 예쁘게 쓴다.   他写得很漂亮。
>
> 그는 한자를 예쁘게 쓴다.   他写汉字写得很漂亮。 / 他汉字写得很漂亮

② 부정은 '得' 뒤에 써준다.

> 예   그는 그렇게 잘 하지 못했다.   他做得不太好。
>
> 그는 늦게 오지 않았다.   他来得不晚。

③ 부사는 [동사 + 得] 앞에 놓인다.

> 예   그는 이미 정확하게 말했다.   他说话已经说得很清楚。
>
> 그들은 모두 농구를 잘한다.   他们打篮球都打得很好。 / 他们打篮球打得都很好。 (○)

④ '得' 앞에는 반드시 동사성 성분만 올 수 있다. 즉, 이합사의 명사성 성분은 올 수 없다.

> 예   그는 일찍 일어난다.   他起床得很早。 (✕) / 他起得很早。 (○)
>
> 그는 늦게 잔다.   他睡觉得很晚。 (✕) / 他睡得很晚。 (○)

2 [형용사/동사 + 得 + 구 혹은 절]

'(형용사/동사)해서 (구나 절)하다'의 의미로 뒤에 나오는 구나 절은 형용사나 동사의 동작이나 상태로 인한 결과를 나타낸다.

> 예   그녀는 기뻐서 깡충깡충 뛰기 시작했다.   她高兴得跳了起来。
>
> 나는 피곤해서 서 있을 수가 없었다.   我累得站不起来。
>
> 그는 슬퍼서 계속 울었다.   他伤心得一直哭。

▪ 우리말의 부사어 번역

우리말의 부사어(서술어를 수식하는 문장성분)가 중국어로 번역되는 경우는 보통 다음 세 가지가 있다.

① [형용사 + 동사]: 일반적으로 명령할 때 사용한다.

- 많이 먹어. 多吃一点儿
- 오늘 춥네, 옷을 좀 더 입어. 今天很冷，多穿一点儿衣服。
- 많이 듣고 많이 말한다면, 너의 중국어는 분명히 좋아질 거야.
  多听、多说的话，你的汉语一定会变好的。

② [동사 + 得 + 형용사]: 이미 일어난 일이거나 늘 그러한 일을 말할 때 사용한다.

- 그는 농구를 잘한다. 他打篮球打得很好。
- 그는 오늘 농구를 잘 했다. 他今天打篮球打得很好。
- 그는 일찍 자고 일찍 일어난다. 他睡得早，起得早。
- 그는 간단하게 말했다. 他说得很简单。

  → 이 문형은 보통 화자와 청자가 모두 발생한 일을 알고 있을 때 사용한다. 문장 처음에 나와서 새로운 상황을 알려줄 때는 사용하지 않는다.

- 我们今天去打篮球了。他打得特别好，我们打得很开心。
  우리는 오늘 농구를 하러 갔다. 그는 정말 잘 했고 우린 즐겁게 (농구를) 했다.

  → 즉, 먼저 '우리는 농구를 하러 갔다'는 것을 청자에게 알려주고, 그 다음에 농구에 대해서 말을 할 때 사용한다. 처음에 새로운 상황을 말해줄 때는 사용하지 않는다.

- 今天来了一位新老师，他向我们做了自我介绍，但介绍得太简单了。
  오늘 새로운 선생님이 오셨다. 우리에게 자기소개를 하셨는데, 소개를 너무 간단히 하셨다.

  → 청자와 화자가 뜬금없이 '他介绍得太简单了'로 문장을 시작할 수 없다. 적어도 누군가 소개를 했다는 사실은 청자가 화자에게 이미 말했어야 하며, 소개가 어떠했다는 것을 나타낼 때 정태보어를 사용한다.

③ [형용사 + 地 + 동사]: 형용사 뒤에 '地'가 붙으면 부사어가 되어서, 뒤에 나오는 동사를 수식한다.

- 시간이 얼마 없습니다. 간단히 말씀해 주세요. 时间不多了，请你简单地说一说。
- 그들은 즐겁게 놀고 있다. 他们开心地玩着。

  → [형용사 + 地 + 동사] 문형은 새로운 상황을 말할 때 사용할 수 있다. '他们开心地玩着'는 '他们在做什么？'에 대한 대답으로 쓰일 수 있다. 이에 반해 '他们玩得很开心'은 이미 그들이 놀고 있는 것을 아는 상태에서 '他们玩得怎么样？'의 대답으로 쓰이는 것이다.

또한 이 문형에서 주의할 것은, 동사가 단독으로 쓰이는 경우는 극히 드물다는 것이다. '地' 뒤에 나오는 동사는 단독으로 나오지 않고, 동사 중첩이나 각종 보어들, 수량목적어와 일반목적어들, '着', '一下', '过' 등과 같이 쓰인다.

- 그는 빠르게 달려왔다. 他很快地跑。(✕) / 他很快地跑过来了。(〇)
- 나는 아직 충분히 고려하지 않았다. 我还没有好好儿地考虑。(✕) /
  我还没有好好儿地考虑过。(〇)

확인연습 및 중작 연습 정답

第一课

확인 연습 정답

1. ① 我今年二十岁。
   ② 今天星期天。

2. ① 我朋友性格很好。
   ② 我爸爸个子很高。
   ③ 我肚子很饱。

3. ① 今天很开心。
   ② 天还没亮呢。
   ③ 韩国的夏天非常热。

4. ① 我有新手机了。
   ② 两点了，快去上课吧。

중작 연습 정답

1

1. 我以前不喜欢他，现在喜欢了。
2. 中国菜有点儿腻。
3. 我女朋友头发很长。
4. 我男朋友个子不太高。
5. 我四肢很酸。

2

1. 我以前很喜欢中国菜。
   ➡ '喜欢'은 심리동사이므로 과거라 하더라도 '了'를 붙이지 않고 시간사로 과거를 나타낸다. '了' 제거!

2. 我眼睛不大。
   ➡ 우리말에서 '~은/는'에 해당되는 주어가 맨 앞에, '~이/가'에 해당되는 주어가 그 뒤에 오는 주술술어문 구조로 만들어야 한다.

3. 今天不是一月一号。
   ➡ 명사술어문이 부정형일 경우, 동사 '是'를 반드시 써 준다.

4. 一个星期之前买的西红柿还没红呢。
   ➡ 형용사의 변화를 부정할 때는 '没'로 쓴다.

5. 昨天是我的生日。
   ➡ 상태동사 '是'는 과거라 하더라도 '了'를 붙이지 않고, 시간사로 과거를 나타낸다. '了' 제거!

6. 上个学期的汉语课很有意思。
   ➡ 형용사 '有意思'는 과거라 하더라도 '了'를 붙이지 않고, 시간사로 과거를 나타낸다. '了' 제거!

3

1. 明天星期二。
2. 现在不是两点。
3. 我女朋友性格不太好。
4. 我男朋友皮肤很白。
5. 现在太困了。
6. 我以前很胖。
7. 我胖了。
8. 我以前不相信他说的话，现在相信了。

4

1. 现在六点半。
2. 今天九月二十九号，我的生日。
3. 她头发很长，眼睛很大，性格很开朗。
4. 他个子不高，有点儿胖，皮肤很白。

第二课

확인 연습 정답

1. ① 手机在书包里。
   ② 你在哪儿?
   ③ 我去年在中国。

2. ① 我去年没有男朋友。
   ② 有身份证吗?
   ③ 地铁里有很多人。

3. ① 你比我聪明，我比你勤劳。
   ② 我对你的爱比天高，比海深。
   ③ 现在的我比以前懂事多了。

중작 연습 정답

1

1. 系办公室在图书馆的右边。

2. 地铁里有很多人。

3. 这个房间干干净净的。

4. 北京比上海大得多。

5. 韩国菜没有中国菜那么油腻。

2

1. 啤酒在冰箱里。
   ➡ '冰箱'은 일반명사이므로, 장소로 쓰일 경우에는 '里'가 쓰여야 한다.

2. 有人吗?
   ➡ '有'의 주어가 불특정한 사람이면, 주어는 '有' 뒤에 온다.

3. 这孩子眼睛圆圆的，皮肤黑黑的。
   ➡ 형용사가 중첩된 후 서술어로 쓰이면, 뒤에 '的'를 붙여야 한다.

4. 这是小小的礼物。
   ➡ 형용사 중첩에는 앞에 '很'과 같은 정도부사가 올 수 없다.

5. 我没有你累。
   ➡ 비교의 부정은 '比' 자리에 '没(有)'를 쓴다.

3

1. 我在路上。

2. 我的包里有书、钱包、化妆品和手机。

3. 他个子高高的，眼睛大大的。

4. 这个东西比那个更贵。

5. 我比他重5公斤(10斤)。

6. 今天比昨天冷一点。

7. 比起出去玩，我更喜欢在家休息。

8. 我没有他那么喜欢羊肉串。

4

1. 今天比昨天高五度。

2. 爷爷比奶奶大五岁。

3. 我朋友比我高两厘米。

4. 学汉语的人比学英语的(人)多得多。

第三课

확인 연습 정답

1. ① 我那个时候想去中国。
   ② 他那个时候去中国了。
   ③ 我在中国的时候，经常感冒。

2. ① 我去了北京、上海和青岛。
   ② 他去散步了。
   ③ 你跑了几圈?

중작 연습 정답

1

1. 你写报告了没?
   ➡ '你写报告了吗?'의 의미로, '你写报告了没有?'라고도 쓴다.

2. 我昨天打了四个小时的工。 / 昨天我打了四个小时的工。

3. 我买了两本书。

4. 我学汉语学了两年了。

5. 我吃了朋友送给我的巧克力。

2

1. 去年我很喜欢听中国歌。
   ➡ 심리동사 '喜欢'은 과거라 하더라도 '了'를 붙일 수 없고, 시간사로 과거를 나타낸다.

2. 去年我经常听中国歌。
   ➡ 과거에 '자주(经常)' 혹은 반복적으로, 규칙적으로 일어난 일에는 '了'를 붙일 수 없다.

3. 我听了两个小时(的)音乐。
   ➡ 시량목적어와 일반목적어의 어순은 [시량목적어 + 일반목적어]이다. 이때 시량목적어와 일반목적어 사이에 '的'를 써도 된다.

4. 我买了三件衣服。
   ➡ 목적어에 수량사가 있을 경우, '了'는 동사 뒤로 이동한다.

5. 我去年很想去中国。
   ➡ 조동사가 있는 문장에서는 과거라고 해도 '了'를 붙일 수 없다. 시간사로 과거를 나타낸다.

3

1. 我每个周末打两份工。
2. 我上个周末打了两份工。
3. 我学了一年汉语。
4. 我学汉语学了一年了。
5. 我去年每个星期六学汉语。
6. 寒假的时候，我去了北京、上海和青岛。
7. 六点我从图书馆出来了。
8. 我们学校离地铁站比较远。

4

1. 这个学期我选了六门课。
2. 星期一我上两节汉语课。
3. 我上汉语、电脑设计、中国文化、体育、中国经济和韩中贸易课。
4. 星期五我上四节课。
5. 体育课和电脑设计课是选修课。

第四课

확인 연습 정답

1. ① 你多久没生过气了？
   ② 我想也没想过。
   ③ 怎么能知道别人什么时候上过网？

2. ① 我在这家商店打过一年工。
   ② 他一天去过那儿三次。

3. ① 我先学了英语再学汉语。
   ② 昨天我穿了太薄的衣服，感冒了。

4. ① 我坐地铁去学校了。
   ② 你刷卡买比特币了吗？ / 你刷卡买了比特币没？

5. ① 我买了钢笔，他买了圆珠笔。
   ② 他去了中国，她去了美国。

중작 연습 정답

1

1. 你都去过中国哪里？
2. 明天我下了课去找老师。 / 我明天下了课去找老师。
3. 你没喝过白酒吗？
4. 他开车去釜山玩了。
5. 我碰到过他一次。

2

1. 他坐地铁去学校了。
   ➡ '坐地铁'는 학교에 가는 수단이므로, 중간에 '了'를 붙일 수 없다.

2. 他从来没生过气。
   ➡ '生气'는 이합사이므로, '过'는 동사성 성분 뒤에 와야 한다.

3. 他去过那儿三次。
   ➡ '那儿'은 대명사 목적어이므로, 수량목적어 앞에 온다.

4. 我们吃了饭就见吧。
   ➡ '吃饭'하고 나서 '见'하는 구조이므로, 앞절의 동사인 '吃' 뒤에 '了'를 써야 한다.

5. 去年我每个星期一学汉语，学了以后更喜欢汉语了。
   ➡ 두 곳이 틀렸다. ① 과거에 규칙적으로 일어난 사건에는 '了'를 붙일 수 없다. ② '学'하고 나서 '更喜欢汉语'가 되므로, 뒷문장의 '学' 뒤에 '了'를 붙여야 한다. 문장 마지막의 '了'는 심리동사 '喜欢' 뒤에 붙어서 '좋아지게 되었다'라는 변화를 나타낸다.

3

1. 那个人我见过。
2. 我下了课去找老师了。
3. 我吃了变质的食物拉肚子了。
4. 我去超市买啤酒，顺便要帮妈妈买一包盐。
5. 这次我去北京的时候，顺便去一趟天津。
6. 我昨天走路去学校了。
7. 我以前在汉江游过一次泳。
8. 我没有喜欢过他。

4

1. 他每天吃了早饭去学校。
2. 今天我下了课去看电影。/ 我们下了课去看电影怎么样？/ 你们下了课去看电影吗？

第五课

확인 연습 정답

1. ① 我跟你一样。
   ② 这个手表有点旧，但跟新的一样准。
   ③ 我跟他一样想去中国留学。

2. ① 这儿不可以抽烟。
   ② 除了香菜以外，我什么都能吃。
   ③ 你这么忙，能去吗？
   ④ 今天会下雨吗？
   ⑤ 不知道以后会怎么样。

3. ① 你的房间整理整理吧。
   ② 每天晚上我们一家人去散散步。

중작 연습 정답

1

1. 我会说汉语，但不会说日语。
2. 学汉语没有学英语那么难。
3. 这家餐厅的饭菜跟妈妈做的一样好吃。
4. 他能12秒跑100米。
5. 我愿意参加这个活动。

2

1. 我今天才知道他年纪跟我一样大。
   ➡ 동등비교에서 형용사는 '一样' 뒤에 나와야 한다.

2. 我们聚在一起聊聊天吧。
   ➡ '聊天'은 이합사이므로, 동사성 성분인 '聊'만 중첩한다.

3. 这本书有那本书那么有意思。
   ➡ '有' 비교문에서 정도의 표현은 '这么/那么'이다.

4. 我能说英语(/我会说英语 /我会英语)，但是还没有使用过。
   ➡ 조동사 '能'은 바로 뒤에 동사가 출현해야 한다. 또한 '会'는 동사로 쓰여 '잘 하다, 능숙하다'의 의미가 있으므로 바로 뒤에 목적어를 가질 수 있다. 또 조동사로 쓰이므로 동사와 목적어를 함께 쓸 수도 있다.

5. 我在家里休息休息。
   ➡ 동사 중첩은 ABAB 형식이어야 한다.

3

1. 那个学生会读中文报纸。/ 那个学生能读中文报纸。
2. 我不想看电视，想睡觉。
3. 我弟弟跟我一样喜欢看中国电视剧。
4. 我妈妈生病了，但是不想住院。
5. 他写的小说中，这本是最受欢迎的。
6. 风不但没停，反而更大了。
7. 家里有事，我不能去上课。
8. 听说那种咖啡很好喝，我很想尝尝。

4

1. 这两棵树一样高，但是叶子，右边的没有左边的那么多。
2. 滑冰场上有两个人：一个人很会滑冰，一个人不会滑冰。

第六课

확인 연습 정답

1. ① 我学中文呢。/ 我正学中文呢。/ 我在学中文。/ 我正在学中文。/ 我正在学中文呢。
   ② 那个时候我正在睡觉。
   ③ 他在公园里跑步。

2. ① 他戴着帽子。
   ② 门开着。
   ③ 桌子上放着很多书。

1

1. 那个时候她在吃早饭呢。
2. 桌子上放着一台电脑和一个笔记本。
3. 老师进教室的时候他们正在聊天。
4. 客厅墙上挂着两幅画。
5. 爷爷一边听广播一边看报。

2

1. 在我进办公室的时候，他在打电话。
   ➡ 진행을 나타내는 문장이므로 '了'는 삭제한다.

2. 老师让打瞌睡的同学站着看书。
   ➡ '서서 책을 보는' 상황이므로, 상태의 지속을 나타내는 '着'를 동사 뒤에 삽입해야 한다.

3. 他们班的学生都在骑马(呢)。
   ➡ 상태의 지속이 아닌 동작의 진행을 나타내고 있기 때문에 맨뒤의 '着'를 삭제하거나 혹은 '呢'로 대체한다.

4. 门前整齐地摆着鞋子。
   ➡ 신발이 놓인 상태의 지속을 나타내고 있으므로 진행의 '在'는 삭제한다.

5. 我们在教室里做作业呢。
   ➡ 진행의 '在'와 장소를 나타내는 전치사 '在'가 동시에 나와있을 때에는 두 번째 '在' 즉, 진행의 '在'는 생략해야 하므로 두 번째 '在'는 삭제한다.

3

1. 写10个字左右就可以。
2. 他好像在睡觉。
3. 我朋友就是穿着红色衣服的人。
4. 最近人们一边看手机一边吃饭。
5. 孩子们在公园里唱歌。
6. 朋友们正在做作业呢。
7. 他站着吃饭。
8. 外面还在下雨。

4

1-1. 墙上涂着鸦。 / 他在墙上乱涂乱画。
1-2. 有人在擦涂鸦。 / 有人在擦乱画(/乱写)的东西。
2-1. 有个人看着(智能)手机走路。
2-2. 他撞到红绿灯了，旁边的人担心地看着他。

第七课

1. ① 他走得很慢。
   ② 他写得很仔细。
   ③ 他做得很好看。

2. ① 他(打)篮球打得很好。
   ② 他今天(做)面包做得很好吃。
   ③ 他们结婚结得太早了。
   ④ 我们聊天聊得很开心。

3. ① 他累得整天睡觉。
   ② 我高兴得不知不觉地流眼泪了。
   ③ 他饿得吃了两碗饭。

4. ① 他比我多听了三个小时的音乐。
   ② 弟弟看书看得有我认真。 / 弟弟看书有我看得认真。
   ③ 他比我多看了三次。

1

1. 今年春节你过得好不好？
2. 这个孩子汉字写得太马虎了。
3. 他考试考得比我好。
4. 你说汉语说得比以前好多了。
5. 她比你早上了一年大学。

2

1. 她觉得自己长得比妹妹好看。
   ➡ 비교문에서는 형용사 앞에 정도부사를 쓸 수 없으므로, '很'을 삭제해야 한다.

2. 他上课上得不认真。
   ➡ 정태보어 문장에서의 부정 형식은 '得'의 뒤에 부정사 '不'를 삽입하여 만든다.

3. 昨天我听音乐听到六点。
   ➡ 결과보어 '到'는 동사 뒤에 나와야 한다.

4. 他跑步跑得快不快？
   ➡ '步'는 명사성 성분이므로 동사성 성분 '跑'를 한 번 더 써주어야 한다.

5. 我比你多看了一个小时。
　➡ 부사 '更'을 삭제하고 '多'로 대체해야 한다.

3

1. 虽然他有时候说得不对，但说得很流利。
2. 现在的情况我了解得比你更清楚。
3. 学生当中，有的唱歌唱得像歌手一样。
4. 学习不是为了父母，而是为了自己。
5. 最近他吃饭吃得很少，比我还少。
6. 他和他的恋人离得很远，不常见面。
7. 这学期我很忙，我比你多听三门课。
8. 衣服洗得不太干净，好像洗衣机坏了。

4

1. B已经爬到山顶了，A爬得太累了，不想爬了。
2. B比A吃得多，B比A多吃了五碗炸酱面。

第八课

확인 연습 정답

1. ① 我吃饱了。
　② 他看完书了。
　③ 学生回答对了。

2. ① 我朋友把钱包丢了。
　② 他把那块面包都吃掉了。
　③ 他没有把盒饭带来。

중작 연습 정답

1

1. 他把那两杯咖啡喝光了。
2. 我把作业放在老师的桌子上。
3. 我想把这些书送给朋友。
4. 你们不要忘记把护照带去。
5. 你把那张照片给他了没有？

2

1. 那些碗他已经都洗干净了。
　➡ 동사와 결과보어 사이에는 다른 성분은 넣을 수 없으므로, '了'를 결과보어 뒤로 보내야 한다.

2. 有些同学没有把自己的雨伞带回去。
　➡ '把'자문에서 부정사 '没有'는 '把' 앞에 위치한다.

3. 我朋友喜欢上了那个导演拍的电影。
　➡ '喜欢'과 같은 심리동사는 '把'자문에 쓰이지 않으므로 목적어를 뒤로 놓아 문장을 구성하여야 한다.

4. 我们公司不会把瑕疵货卖给客人。
　➡ '把'자문에서 부정사와 조동사 '不会'는 '把' 앞에 위치한다.

5. 我爸爸昨天去汽车公司买了一辆车。
　➡ '一辆车'와 같이 불특정하거나 수량만을 나타낼 때는 목적어는 '把'자문에 쓸 수 없으므로 동사 뒤 목적어 자리에 놓는다.

3

1. 你们把今天学到的生词写在本子上。
2. 今天的作业是把课文翻译成韩文。
3. 刚买的车撞坏了，真倒霉!
4. 今晚刮大风，记得睡觉前把门关上。
5. 只要解决这个问题，我们就能出国。
6. 除了老师，学生也喜欢在这家餐厅吃饭。
7. 你不要把那两个放在一起，这样很危险。
8. 大家在回去的时候不要拿错雨伞。

4

1. (准备两个鸡蛋、西红柿、油、糖和盐)先炒鸡蛋，放盐。
2. 然后炒切好的西红柿。
3. 把炒好的鸡蛋放在西红柿里，放糖和盐。
4. 炒好后盛到盘子里，跟朋友分享。

第九课

확인 연습 정답

1. ① 他们回去了。
　② 那个同学从教室里出来了。
　③ 请您坐下。

2. ① (有)一只狗跑进来了。
   ② 很多学生站起来了。
   ③ 他把书拿回去了。

중작 연습 정답

1

1. 他慢慢地走上二楼来。
2. 他拿出一本书来送给我了。
3. 老师把书放下来了。
4. 那一刻，教室安静下来了。
5. 我们打算把这辆车卖出去。

2

1. 不管怎么样，你也得请来一位老师。
   ➡ '不管…' 구문의 뒷절에서 호응하는 부사는 '都', '也'가 있다. '就'를 '也'로 바꿔야 한다.

2. 他每次都把女朋友送回家去。
   ➡ 단순방향보어로 '去'가 방향보어로 나왔을 때 장소목적 어는 동사와 방향보어 사이에 위치해야 한다.

3. 妈妈拍下了一个邻居丢垃圾的场面。
   ➡ 동사와 방향보어의 결합에 주의해야 한다. '사진을 찍어 두다'는 '拍下'를 써야 한다.

4. 他拿着书进图书馆来了。
   ➡ 복합방향보어로 '来'가 방향보어로 나왔을 때 장소목적 어는 동사와 방향보어 사이에 위치해야 한다.

5. 我马上就想出来一个办法。
   ➡ 방향보어에 따른 세부 의미의 차이를 기억해야 한다. 없 던 것이 생긴다는 의미로 '想出来'를 써야 한다.

3

1. 中国朋友发了一封电子邮件来。
2. 没有带雨伞来的人请举手。
3. 我们班同学回宿舍去了。
4. 不管谁参加，我都会帮助他。
5. 我父亲开车来接我。
6. 休息后，我想出来一个好主意。
7. 汽车在我家门前停了下来。
8. 早上很晴，但从下午开始下起雨来了。

4

1-1. 一家人从餐厅里出来，前面开过来一辆出租车。
1-2. 他们从出租车里下来，孩子已经进屋里去了。
2-1. 在楼梯上，有的学生走上去，有的学生走下来。
2-2. 两个学生在聊天，一个学生拿着一本书，另一个学生才想起来那本书。

第十课

확인 연습 정답

1. ① 我们应该(该/得/要)早点儿出发。
   ② 我们肯定会赢的。
   ③ 不可以从这个门进去。

2. ① 字很小，看不清楚。
   ② 人太多了，我们坐不下。
   ③ 我想不出来什么好办法。

중작 연습 정답

1

1. 这架钢琴太重了，搬不动。
2. 在这个博物馆不可以拍摄。
3. 晚上12点以前他回不来。
4. 我明天早上应该见老师。
5. 这是我不能说的秘密。

2

1. 你不应该打扰别人。
   ➡ 조동사는 동사 앞에 위치하며 부정부사는 조동사의 앞에 위치해야 한다.

2. 我们该不该听这门课?
   ➡ 조동사가 있는 문장에서의 정반의문은 조동사를 사용 해 만들어야 한다.

3. 连一块钱，他也没带来。
   ➡ '也'와 같은 부사는 주어 뒤, 동사구 앞에 놓여야 한다.

4. 他不能从图书馆把这本书借出去。

➡ '把'자문에는 가능보어를 쓸 수 없으므로, 가능 및 불가능을 표현할 때에는 조동사 '能'을 활용해야 한다.

5. 你们不用现在交作业。

➡ 조동사 '得'의 부정형은 '不用'이다.

3

1. 你现在可以回家了。
2. 不要在这里喝饮料。
3. 朋友们相信他会赢得比赛的。
4. 我们班的问题是班长一个人解决不了的。
5. 在这家百货商店买不到那个品牌。
6. 这台风不算什么，去年7月的刮得非常厉害。
7. 你借了这么多书，书包都装得下吗?
8. 最近太忙了，连吃午饭的时间都没有。

4

1. 这条路可以骑自行车，不可以开车。
2. 他应该早上6点起床。
3. 一个学生跑着追公交车，但是来不及上车。
4. 两个人抬不动箱子，四个人才抬得动箱子。

第十一课

확인 연습 정답

1. ① 爸爸让孩子去外面玩。
   ② 公园里有一个学生在唱歌。
   ③ 这件事让他很高兴。

2. ① 我弟弟被爸爸说了。
   ② 他的钱包被偷了。
   ③ 我的意见没有被采纳。

중작 연습 정답

1

1. 这次地震让很多人感到恐怖。
2. 即使明天下雨，我也去外面拍照。
3. 这案件早就被警察发现了。
4. 这里的生活越过越好了。

5. 老师叫学生念三遍课文。

2

1. 昨天爸爸叫儿子早点儿睡觉了。

➡ 겸어문에서 '了'는 동사1 뒤에는 붙일 수 없다.

2. 有一个小偷刚才被警察抓走了。

➡ '被'자문에서 특정성이 있는 주어만을 쓸 수 있다.

3. 即使试题很难，我也会尽最大的努力。

➡ '即使' 후속절의 호응 부사는 '也'와 '都'가 와야 한다.

4. 自行车不锁就可能被小偷偷走。

➡ 피동문에서 부사의 위치는 '被' 앞이다.

5. 那位老师能让学生发挥自己的能力。

➡ 겸어문에서 조동사의 위치는 동사의 앞이다.

3

1. 医生让他呆在家里好好儿休息几天。
2. 我们班没有同学想参观博物馆。
3. 爸爸买炸鸡来，这让小孩儿太高兴了。
4. 即使我输了比赛，也不会失望。
5. 你在这里生活越久，就会越喜欢这个城市。
6. 那本小说很受欢迎，在图书馆里的已经被借走了。
7. 我新买的笔记本电脑被弟弟弄坏了。
8. 他一直很用功，汉语说得越来越流利。

4

1-1. 门被风吹开了。
1-2. 爸爸让孩子关门。
2-1. 他摸了摸裤子的后口袋，以为自己的钱包被偷了。
2-2. 这时，有个人从后面过来，交给他钱包。他不好意思地感谢那个人。